命理生活新智慧・叢書 16-1

紫微幫你找工作

《全新修定版》

金星出版社 http://www.venusco555.com
E-mail: venusco555@163.com
法 雲 居 士 http://www.fayin777.com
E-mail: fayin777@163.com

法雲居士⊙著

金星出版

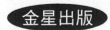

國家圖書館出版品預行編目資料

紫微幫你找工作《全新修訂版》／
法雲居士著，--臺北市：金星出版：
紅螞蟻總經銷，2000年12月 2版；
2017年6月再刷　面；公分—
（命理生活新智慧 叢書；16-1）

ISBN: 978-957-8270-27-5　（平裝）

1.命書

293.1

紫微幫你找工作《全新修訂版》

作　　者：法雲居士
發 行 人：袁光明
社　　長：袁靜石
編　　輯：王璟琪
總 經 理：袁玉成
出 版 者：金星出版社
地址：台北市南京東路3段201號3樓
電話：886-2--25630620●886-2-2362-6655
FAX：886-2365-2425
總 經 銷：紅螞蟻圖書有限公司
地　　址：台北市內湖區舊宗路二段121巷19號
電　　話：(02)27953656(代表號)
網　　址：http://www.venusco555.com
電郵信箱：venusco555@163.com
venusco@pchome.com.tw
法雲居士網址：http://www.fayin777.com
電郵信箱：fayin777@163.com
fatevenus@yahoo.com.tw

版　　次：1998年4月初版　2000年12月二版　2017年6月再刷
登 記 證：行政院新聞局局版北市業字第653號
法律顧問：郭啟疆律師
定　　價：300 元

行政院新聞局局版北字業字第653號

ISBN：978-957-8270-27-5（平裝）

紫微幫你找工作

序

『紫微幫你找工作』這本書又再次加印了，為了不負讀者的重望，於是我抽出了時間再次檢校稿一遍，期望把內容更充實一點。

最近，市面上的景氣不太好。政府又公佈最新失業率創近十年來的新高，很多企業都在裁員，真讓人捏了一把冷汗！因此要找工作的朋友便不只是剛剛出校門的年輕朋友了，有些中年朋友本來事業已站上高位的人，有時也會因為公司的政策體制做出新的規定而失業，一起投入這場找工作的洪流爭戰之中。有些朋友更因為想換跑道的關係，也一起加入了這場尋尋覓覓的征途。

通常一般人在找工作的初期都會有些茫然，不知道自己前面的路途會是一個什麼樣的道路？有些人甚至是已經感覺到窮困、窘困了，才開始找工作。其實這是不對的想法！試想想：人為什麼會沒有錢？為什麼會窘困？一定是運氣不好了才窘困沒錢的嘛！運氣既然不好，再去找工作，也一定會碰壁的時間多。即使有機會，那肯定也不是一個太好的機會，縱使勉強去做，也會做不長久。並且極容易碰到不順心的事情，或是同事不好相處，亦或是薪水太少，入不敷出的局面。當然這些情形更可能是一股腦的全都出現了。

在紫微斗數中對時間的運用把握是非常精準的！好的時間、吉祥的時間、有財星居旺、福星居旺、運星居旺、官星居旺的時間都是非常利於找工作的時間。而且一定會有好的結

紫微幫你找工作

果，也一定會有讓你不會後悔的結果。反之，在一些星曜居陷、或煞星聚集的流月裡，真是一動不如一靜了。

我常告訴朋友們：人在運氣好的時候，頭腦比較清明，聰明度特別高，做人處事的態度圓融，也從容。在表現自己的能力方面也會找到好的方式來表達。這就是成功的要件了！

通常人在運氣不好的時候、財窮的時候，容易心煩氣躁，頭腦也會笨，在表現自己的才能時會出現笨拙的表達方式，又會丟三落四，慌里慌張。又愛生氣，又愛計較，沒辦法把握住正確的大方向，全在小節上轉圈圈，阻礙了真正好運勢的發展。

因此能把握時間、能把握機會就是找工作的不二法門了。

朋友們常問：機會在那裡呢？我怎麼都看不到呢？

讓我來告訴你：機會就在你身邊！機會就在你的紫微命盤中！機會也就在這本『紫微幫你找工作』的書中。機會也就是在每個人經過瞭解自己，檢視了自己，分析了自己的長處與短處之後，所掌握對自己的自信心所產生出來的靈光一現了。

所以這本『紫微幫你找工作』不但幫你分析了你自己的個性與性向，也幫你分析了運勢與你所存在及所處的環境，以及貴人運在何時何地，和你何時是具有奮鬥力的時刻。如此一來，找工作的問題就會在你茫然的思緒中清楚的理出一個頭緒了。在此敬祝各位心想事成！也同時祝福各位在利用紫微斗數來把握時間的關鍵點上得到勝利！

法雲居士謹識

命理生活叢書16之1

紫微幫你找工作《全新修定版》

目錄

紫微幫你找工作

紫微幫你找工作

前言——

『紫微幫你找工作』這本書，不但是為即將投入職場的新新人類所寫的一本書。同時也是為將要換工作，或想自己創業的人所作的一本書。並且也是提供給經營者尋求人才的一本書。

我們都知道每年新將投入職場的人數，包括換工作及創業的人數，將近百萬人。難道真的有近百萬份的工作來等待你們卡位進入工作區嗎？這個答案是很令人懷疑的！雖然目前服務業和資訊業很發達，常有缺乏人才的困擾。但是服務業缺乏的是中下層的幹部，薪資少，工作辛苦。資訊業又需要專業的長才。在種種實際生活與能力的考量下，能夠適應個人所需的職業工作，就變得稀少了。

雖然我們也常聽到許多企業機構缺乏人才，小公司缺少人手。這種現象很普遍，留不住人才的困擾，將持續下去，也許會愈來愈嚴重。

到底為什麼許多人找不到合適的工作？而又有許多工作找不到人呢？這是什麼原因呢？

根據專家的分析是：

1. **社會型態的轉變**。我們已從先前注重工業發展的社會，進入以商業經濟為導向的社會。人類計算數學的能力加強了，對事務的看法精銳了。首先是公司用人體系上，講究精簡，講究實際效益。許多公司為了節省成本，及達成業績的使命，對新進人員的取用制度上實行較苛刻的制度。我們可以看到曾經有某家銀行招考行員，只有幾個工作名額就有上萬人去報考。台積電公司招考新人，這是電腦資訊專業的公司，也有萬人報考的架勢。

另一方面，欲尋找工作的人的價值觀改變了。

我們暫時將欲尋找工作的人分為兩種人。一種人是以工作為已任，希望力爭上游，達到事業、地位等高成功境界的人。一種人是因為社會富裕，家庭經濟能力強，因此可以等待機會，有好機會才開始發飆努力的人。這兩種人在尋找工作時都會有不一樣的心態，和對工作需求的訴求點不同。也因此在尋找工作的態度上，一種是『騎著馬找馬』的心態。另一種是『伯樂尋找千里馬』的心態了。

2. **對社會認知的不同**。社會上因年齡層次的不同，也會有對事務認知有不同的觀點。例如公司企業體主考新進人員的主考任用官，多半是年紀稍長，有工作實際經驗的人，他們對於任用新人有較現實的標準。而參與應考的人，年紀較輕，除了專業知識外，尚須揣摸到公司企業體以及主考官的心態，才有機會能入選。

3. **生活經驗不同，價值觀也不會相同**。公司企業體的經營者，擁有多年經營的經驗，深知自己要尋找的人才是『既要馬兒好，又要馬兒不吃草』的人。而欲找工作的新新人類在意的是：工作的環境、薪資的多寡、工作量與難易度、升遷問題。因此在求才和求事兩方面，想要對號入座，還是有些困難的。

基於以上的原因，我們知道每個層次的人，各有其不同的思考方向與不同的盲點，才會形成人求事、事求人的困難。我們最好從根本做起，先瞭解『人』這個個體的基本屬性，則不論是『求人』，亦或『求事』都會簡單的多了。這就是『紫微幫你找工作』這本書的真正目的。

第一章 從基本個性看你適合的行業
（從命宮看適合的行業）

在紫微命理裡，命宮的含意包括最廣。舉凡個人的性格，喜好、長相、生命的活動力、主觀意識，對事務思考、瞭解、努力的程度，對環境所能承受的壓力強度、人生運程的動態與靜態、一生運氣的好壞，每一個環節都是命宮與事業相互牽連的重要關鍵。也可以說『命宮』其實已主宰著『人』一生成功的基本因素了。

在紫微命理裡，以命宮所在的宮位的不同，大致把人分成三類屬性的人，如此一來更容易展現因基本個性的關係而從事行業的變化。例如：

1. **命宮在『子、午、卯、酉』宮的這組人**。你們是對人熱情，與人交往時很隨和好相處，也很懂得經營人際關係，是一個交遊廣闊的人。你們的命宮坐在『桃花地』上，也稱做『四敗之地』。因此你們的外表相貌會很討喜，有人緣。你們也會善加利用這個資源，再加上你們常常流連在外，不喜歡待在家中。很可能年青時就離家，在外奮鬥。你們所從事的行業也多半和人際關係和動態的工作有關。就算是紫微坐命的人，雖然擁有『紫微』這顆靜態的星曜，仍不免是一生靜不下來。只不過表現出相貌穩重、性格上是個慢性子，處事上較沈著踏實罷了。

命宮在『子、午、卯、酉』宮的人，多半喜愛變化快速與交際手腕相互運用的職業。例如產品或事務的推廣工作，旅遊事業，或開拓市場及新發展出來的事業等等。你們是非常具有創造力的人，因為人際關係不錯，一生的好運也很多。

坐命在『子、午、卯、酉』宮的人，有很多的人，具有『陽梁昌祿』格，例如紫微坐命『子』宮的人，陽梁坐命『卯』、『酉』宮的人，太陽坐命『子』宮或『午』宮的人等等。也有很多人，具有『機月同梁』格，如天機坐命『子』宮、『午』宮的人，同陰坐命『子』、『午』宮的人、機巨坐命『卯』、『酉』宮的人等等。這兩種命格，都是主貴的命格，可參加公職考試成為高級公務員，也利於進等升級的運程。

在命理學中以『主貴』為上等的命格，『主富』次之。無財、無貴、多劫煞者為賤命。現代的社會裡，人們普遍愛財，常以『富』為貴，其實這是不盡相同的。殊不見那些強富豪賈之家既已成為多金的財主，仍要巴結權勢，弄個政府中常委等職務做做，這也顯示了『主富』仍不及『主貴』的命格高級上等了。

2. **命宮在『辰、戌、丑、未』宮的這組人**，基本上你們的個性比較保守，在人際關係的處理上，會有雙重個性出現。也就是面對人群的時候你們很快樂。獨處時，你們會有較孤獨的感覺。你們也容易將心事埋藏心底，對於人際關係的處理也會有瑕疵。你們一生屬於比較動盪的運程，這主要是因為命宮坐命『丑』、『未』宮，是日月交替之地。而命宮坐在『辰』、『戌』宮，一是天羅、一是地網，必需不斷的掙脫內在的桎梏，才會覺得舒適。

另一方面，『辰』宮為天涯、『戌』宮為地角。因此坐命『辰』、『戌』宮的人，是喜愛遊蕩不停，也容易飄泊不定的人。常常會出國、東奔西跑的周遊各地去賺錢，愈動愈發達。

由這些人的命理格式中，我們可以看到：如**坐命在『丑』、『未』宮的人**，因是在日月交替之地，會有如太陽和月亮陰晴不定的個性，做事也容易沒有主見，愛東想西想的毛病，也容易改變主張。這其中最具代表性的人，就是日月坐命（太陽、太陰）的人和同巨坐命的人了。因此日月坐命的人適合藝術感性和設計、研究等方面的工作。而同巨坐命的人會工作時期不長久，適合臨時性的工作。

坐命在『辰』、『戌』宮的人，因為你們命坐四墓、四庫之地。性格較悶，喜歡思想，也多半以『富』見稱。你們很會埋頭苦幹，不太會浪費時間與別人交際。你們喜歡在事業與金錢上和別人較一長短，因此事業都會做得很興旺。例如紫相坐命的人，或武曲坐命及貪狼坐命的人都是。

再則坐命『辰』、『戌』宮的人，大多數都有『暴發運』，能暴發錢財，因此可以說坐命『辰』、『戌』宮的人，多半是『主富』較不『主貴』的。

3. **命宮在『寅、申、巳、亥』的這組人**。你們的命宮坐在四生、四馬之地。命運是起伏不定的狀況。你們非常好動，也喜歡運用思想上的『動』，也就是動腦子了。一生中思慮多，不但很操煩，身體上的勞碌也是很難停息的。

命宮在四馬之地的人，很愛為賺錢打拚，因為四馬帶財，也為財星之故。

命坐『寅』、『申』、『巳』、『亥』宮的人，不論命宮中是雙主星，亦或是單星而受對宮的影響，形成雙重個性。也喜歡身兼數職、兼副業，或同時做好幾樣不同的職業或職位，把自己弄得很忙，才覺得很有成就。

◎**『寅』宮為人馬宮**。坐命此宮的人，是比較重視人際關係的發展，你們會認為在賺錢過程中，『人』的因素很重要，因此你們很會採取攏絡的手段，首先把人事佈局做好，再開始發展自己的才能。例如武相坐命『寅』宮的人，貪狼或廉貞坐命『寅』宮的人，紫府坐命『寅』宮的人即是。

◎**『申』宮為陰陽宮**。『申』宮為日月交替之地，陽衰陰盛。因此坐命此宮位人，容易性格多變，多愁善感。往往是想得多，做得少，有時更是太多心太多慮了，而讓事業有變化。而且坐命此宮位的人，因為日落西山的影響比較會先勤惰，這也是命坐陰陽宮的困擾。例如同梁坐命『申』宮的人，陽巨坐命『申』的人宮即有此現象。

◎**『巳』宮為雙鯉宮**:。『巳』宮為日行天頂、陽盛之地。坐命此宮位的人，性格較開朗、不喜計較，你們大都有『陽梁昌祿』格，這也是『鯉躍龍門』的意思。因此坐命『巳』宮的人，也許你們終日勞碌所得的金錢不算多，但『主貴』的命格和運程都是別人很難能及得上的。

◎**『亥』宮為雙魚宮**。亥宮為陰盛之地、水旺之鄉。坐命在此宮位的人，都有性格隨和、浮動、善變、游離、閃爍不定的特性。水是無所不含蓋、無所不在的，因此命坐此宮的人，也喜歡到處遊走，無法安定。在生活裡是漂泊動蕩的。你們縱使選了固定的職業，其職業的本質也必定是出差多、東西南北不斷奔忙的職業。類似船員、推銷員、貿易商等職業。同時你們也會利用職業之便，另外兼帶一個小副業的情形。

從命宮看適合的行業

紫微坐命的人

紫微為官祿主，主事業。主官貴。若有左輔、右弼、文昌、文曲星在四方三合地帶照會命宮，或在命宮前後相夾的人，會成為領導階級的人，會做官職或事業的負責人、董事長之流。

紫微坐命的人非常有組織能力，穩重深沈，雖然思想上常善變，但不易外露。而且有人緣桃花。是人人敬重的人物，因此做企管人才是一流的佳選。

紫微坐命的人，若沒有昌曲、左右在四方三合處照守的人不貴，一生較勞碌，但可主富。若有擎羊在命宮的人，會因為心胸狹窄、自傲又險惡，做事會屢遭敗績。若有火星、鈴星與紫微同在命宮的人，會因為脾氣暴躁，做事太武斷快速、不計後果而嚐敗績。這幾種人都是傷災很多的人。

適合行業：做管理階層、土地買賣、仲介業、政治人物、農產品、人才培訓、防水建材、古董業、鑑定師、法官、律師、代理產品、房屋買賣、畜產業、會計師業、墓地管理買賣等等和一切屬土的行業。

紫微幫你找工作

紫府坐命的人

紫微、天府坐命的人，是具有才智和極佳的領導能力，做人保守，而且謹言慎行的人。你們通常在幼年時身體會有傷，或家庭不完整，因此更增加了你們奮鬥向上的意志力。

紫府坐命的人，通常會向財富上發展，由其是有祿存、天馬同坐命『寅』宮的人，奔波努力會有億萬之資。若有天空、地劫同坐命宮的人，錢財成空，有名而無利。

適合行業：做貿易、企業經營、會計師、記帳行業、農產品買賣、百貨業、領導性質、企管業、土地、房屋買賣業、仲介業、代書業、所有代理性質、管理性質、護理性質的行業。

紫貪坐命的人

紫微、貪狼坐命的人，是反應敏捷、具有才幹，且多才多藝的人。但是容易滋生感情困擾或因誹聞而影響前途。乙、己、辛、壬年生的人，再有昌曲、左右在四方三合處照會的人，為貴格，文武全才，做軍警職、官職，都是富貴雙全的人。紫

紫微幫你找工作

貪坐命的人，因命宮坐『桃花地』，人緣極佳，亦有極圓滑的外交手腕，利於從官途。

適合行業：政府官員、軍警職、文學、文藝、文化事業、教育事業、教員、出版事業、政治人物、動植物研究發展事業、宗教事業、土地、房產事業、律師、法官、建築、農畜產品、培育人才等事業。

紫相坐命的人

紫微、天相坐命的人，是理想高、能擁有特殊技能的人。你們因命宮坐在『天羅』、『地網』宮，常有『有志難伸』之感，心情容易鬱悶，也容易和長輩、上司合不來。但是紫相坐命的人，一生常有幸運的機會，再加上勤奮，喜歡忙碌的性格，事業上會有表現。

適合行業：領導事業、政府官員、顧問、秘書、房屋買賣、土地買賣、仲介業、設計企劃、建築業、高科技業、特殊技術人才、電腦人才、電子技術人才、工程人才等。

紫微幫你找工作

紫破坐命的人

紫破坐命的人，有極佳的領導力，其人的判斷力很強，是一個勞心勞力型的人。你們一生的波動多，但都能奮勇向前，喜歡創業。

紫破坐命，命宮中有華蓋的人，較會有宗教狂熱，會從事宗教團體領導人的工作。

適合行業：奔波、運動極劇烈的工作、運輸業、航海業與水有關的行業、水產業、冷凍食品業、冷藏業、旅遊業、音響、馬戲團、雜貨業、徵信業、調查、偵防、間諜、滅火器具業、電子組配業、市場買賣業、貨櫃業、港口搬運業、環保清潔業等等。

紫殺坐命的人

紫殺坐命的人，個性堅強果敢、做事有魄力、白手起家，有雄心但虎頭蛇尾，個性好強、健談。做軍警職是一流人選，一生有多次暴發運，運程大起大落。

適合行業：政府官員、軍警職、管理階級、民意代表、法官、監獄執行人員、交通運輸業、汽車製造業、金融業、藝術工作者、珠寶業、科學界、工程業、機械製造業、刀劍製造業、礦業開發、五金行業、武術業、金屬器材買賣業、政治人物等等。

紫微幫你找工作

天機坐命的人

天機坐命的人，口才好、應對能力強、辦事條理分明、喜歡動頭腦和動身體、機謀多變。天機居廟旺之地，再有昌曲、左右、魁鉞照會的人，為一專門的技術人才。若有化祿、化權、化科在命宮的人，會成為有名的醫師、律師、工程師。

天機星若居平陷之地的人，比較多思慮，人際關係也會不好。若有羊陀、火鈴、化忌等星同在命宮的人，人生不甚理想，四方三合處若有吉星相照，或可補救。

天機坐命的人，命格屬於『機月同梁』格的基本型態，不適合做生意，應有固定薪資的職業，人生的脈動較會平順。

適合行業：公教、教職、文人、文職、作家、畫家、文化事業、教育界、出版事業、攝影家、記者、公務員、警界、農業、木器類、醫院、醫療界、藥房、學術研究、工程設計、律師、秘書、會計人員、金融機構人員、大公司職員、宗教、慈善機構職員、鑑定師、運輸行業、科學、科技產品開發及推廣事業。

紫微幫你找工作

機陰坐命的人

天機、太陰坐命的人，是做事有條理、按部就班的人，但只宜做公職或大公司上班為佳。你們不適合做生意，否則會有敗局。

機陰坐命的人，若有昌曲和多顆桃花星同宮或相照的人，會從事演藝事業。若有左輔、右弼相照或同宮的人，事業會成功，會做官職或企業高階的主管。

適合行業：公教職、大企業中的職員、金融機構的人員、演藝人員、藝術家、貨運公司主管、航運公司主管、船長、軍警業、聲樂家、旅遊業、旅館業、攝影記者、運動家、環保官員、動感十足的行業、奔波型的行業。

機梁坐命的人

天機、天梁坐命的人，很有策劃分析的能力，天性機智聰敏，但都必經艱難才能有所成就。你們一生有多次暴發運，能幫助你們的前程，也能多得錢財。但你們主要的運格也是『機月同梁』格，做公職、有軍師格，會因做幕僚人員而身居要職。

機梁坐命的人，若命宮中有擎羊、陀羅、空亡等星的人，或在對宮相照的人，會有偏向佛道宗教之途。命宮中如有化忌星的人困擾多，人生運程會不順利。

適合行業：幕僚人員、公職、官職、秘書、顧問、企管人員、設計企劃、附屬品或附屬機構的人員、律師、代書、發明家、學術研究、宗教類、慈善類事業、賭博行業、仲介業、評論家、演說家、司法界公務員、政治人物智囊團、出版業、教育界等。

機巨坐命的人

天機、巨門坐命的人，是個性固執、研究心很強，容易有是非的人。你們的口才很好、好辯論。為人思慮敏捷、喜博學，是一個白手起家、不靠祖業的人。你們也是『機月同梁』格的人，從公職、教職會有發展。乙年、丙年、辛年生的人，有化祿、化權、祿存在命宮的人，再加會昌曲、左右、魁鉞等六吉星，會任政府要職，名與利垂手可得。

適合行業：公職、教職、文職、學術研究工作、政要名人、民意代表、醫學類、藥學類研究、高科技研究開發工作、工程、電腦設計開發工作、專門技術之研究、文學、藝術之研究工作等等。

太陽坐命的人

太陽坐命的人，是性格寬宏、不計是非、有志向且能幹的人。太陽在命盤中依宮位不同，在人的運程上產生變化。

太陽單星坐命『辰』、『巳』、『午』宮為居旺時，其人一生的運程較順暢。尤其是命宮中有化祿、化權、祿存在命宮的人，是財官雙格局的人。一生的成就較高。適合外交界、文教界、傳播界、財經機構、政治圈中發展，有官格。

太陽單星坐命『子』、『戌』、『亥』宮時為居陷位。一生坎坷、勞碌、多遭是非，也會與人寡合，成敗起伏不定。庚年、辛年生的人，雖有化祿、化權在命宮，也因太陽陷落的關係，力道不強。但仍有奮發有為的勤勉能力，可控制事件變化的狀況。並可增富。太陽居陷坐命的人，中年以後會鬆懈下來，只適宜軍警、公教職。

凡太陽坐命的人，都有『陽梁昌祿』格，雖然命宮在『戌』、『亥』、『子』宮的人；此格的運勢有稍弱的現象，但是仍然可利用天梁這顆貴人星在旺位的影響，而有所發揮，在考試、升官等運氣上掌握先機，取得致勝的把握。

適合行業：官職、公務員、文職、軍警職、發熱性質的工業、石油業、工廠、加工廠、發光性質的事業：如燈炮、照明、光學、燃燒物、炮燭業、油類、熱食餐飲業、食品燒烤業。化妝品、百貨業、印刷廠、政治人物、心理學家、評論家、演說家、卡拉ＯＫ、酒店、仲介業等等。

日月坐命的人

太陽、太陰坐命的人，是性格謹慎保守的人，適合安定的工作，最適宜做公職或民營大機構中任職。若有昌曲、左右、魁鉞來相照或同宮的人，會任要職有官運。

日月坐命『丑』宮的人，因太陰居廟、太陽居陷，有性格較陰柔的現象，容易走藝術、學術研究、教職等路途，也容易進入金融機構任職。

日月坐命『未』宮的人，因太陽居旺、太陰居陷的關係，性格較趨陽剛，容易走政界、公教界、工程界發展，官運較亨通。

日月坐命的人，若有羊陀、火鈴、化忌星同宮或相照的人，則會有多思慮、固執、多想少做、空有抱負的現象發生，一生的傷災多，運程也較坎坷了。

陽巨坐命的人

太陽、巨門坐命的人，是性格開朗、口才佳、穩重、志向遠大的人。你們不適合經商，以公職、教職為佳。有紅鸞、天姚等桃花星的人，會從事演藝事業。有天刑在命宮的人，再加昌曲、左右、魁鉞照守的人，可做司法官、律師。

適合行業：可在傳播界工作，文教界、外交人才、仲介業、保險業、銷售業、公關人員、培訓人才之事業、補習班等行業都分外適合。

陽梁坐命的人

太陽、天梁坐命的人，是擁有『陽梁昌祿』格之正格的人。你們不但有考試運，也有官運。以官途致富不是難事。乙年、己年、庚年、辛年生的人，有化權、化祿、化科在命宮的人，富貴同高。

陽梁坐命『卯』的人，主要以官職、教職、大企業的領導人為主要職業。

陽梁坐命『酉』的人，若再有天空星照會，則會有慈善情懷、以天下事為己任，此為『萬里無雲』格，會成就有名無利的大事業。否則會飄蕩一生，一事無成。

武曲坐命的人

武曲坐命的人，是財星坐命的人，個性剛直、判斷力極佳，是剛毅果決的人，在事業上會有很好的表現。

武曲坐命有化祿同宮者，有大財富，從商最宜。武曲坐命者有化權者，利於武職，能掌大權，功業彪炳。有化科的人，利文職，有文藝修養、享文名。

武曲坐命有化忌的人，一生操勞憂煩、金錢不順利。有擎羊、陀羅同宮的人，會有孤獨刑剋不利六親，且不利錢財的現象。

武曲單星坐命的人，對宮有貪狼星，形成『武貪格』，這是極大的暴發運。因此武曲坐命的人每逢七年都有一次暴發運，不但在事業上有助益，且能多得錢財，這是武曲坐命人事業能成功的主要原因。例如郝伯村先生就是武曲化祿坐命的人，有貪狼化權來相照即是。

適合行業：政治人物、大富商、大企業總裁、金融機構主管、軍警人員、堅硬材料的事業、控制別人的事業、鋼鐵業、電器、電科業、珠寶業、一切黃金、金屬類產品業、裝飾品業、機械刀劍業、礦業、民意代表、法官、鑑定人員、汽車製造與販售、交通業、電腦業、工程及科學、科技業。

紫微幫你找工作

武府坐命的人

武曲、天府坐命的人，是財星與財庫星同坐命的人，性格保守剛直，有領導才能，對賺錢有特殊敏感能力。若有化權星在命宮的人主貴。有財官雙美的格局。若有祿存在命宮，四方三合處有昌曲、左右、魁鉞相照的人，主富，有億萬之資，是一級首富。

武府坐命的人，若有羊陀、火鈴同宮或照會的人，一生較辛勞，對財運有傷，只宜公職，此人也較會『為富不仁』，財富也不會太多。

適合行業：政府財經官員、大富翁、大企業總裁、金融界、金融機構主管、公教職、做軍警職也會管理財務、貴金屬買賣、珠寶業、土地買賣、房地產買賣、百貨業、礦產業、農產品買賣、企管人員、管理顧問公司等等。

武貪坐命的人

武曲、貪狼坐命的人，是個性剛強、才藝多，少年時代不好，三十歲以後才會發富的人。有化權、化祿同在命宮的人，做軍警職可做大將軍，出將入相、財官雙美。若命宮中再有火星、鈴星的人同宮或相照，只宜商場發展，能爆發大財富，不宜做軍警職，有將軍陣亡的危險。

武貪坐命的人，若有擎羊同宮的人，為『武貪格』之破格，多為擁有巧藝之人，依然會爆發偏財運，但所發甚小。更不宜有化忌星同宮，有武曲化忌的人，會金錢不順利而受困。有貪狼化忌的人，暴發後會有災禍困擾，且人緣關係欠佳，身體上或臉上有疤痕、缺陷，心理受到影響。

適合行業：軍人、警察、武官、政治人物、商人、司法人員、特勤人員、文具用品之買賣、教育用品買賣、股市大亨、期貨操作員、金融商品之經營、農產品之買賣、五金類行業、公務員。

武相坐命的人

武曲、天相坐命的人，分析能力很強，性格正直，處事公允，可以做最佳幕僚人才的人。有化權、化祿在命宮的人，一生官高職顯，事業一帆風順。有昌曲、左右在命宮的人，聰明機巧，文武職皆能揚名。武相坐命的人，有火、鈴同宮沖破，會有殘疾現象。

適合行業：金融業、企管業、管理階層、食品業、衣飾業、公司負責人、教育界、公關主任、音響器材業、玩具業、旅行業、文化活動之推廣、旅館業、餐廳業、運動器材業、娛樂事業等等。

武殺坐命的人

武曲、七殺坐命的人，是有膽識、有謀略的人。你們個性急、能幹、動作快、做事喜歡硬拼，平常話少，容易有外傷。

武殺坐命，命宮中有化權的人，個性更剛強好勝，事業會有一定的成就。

武殺坐命的人，因武曲財星居平陷之位，七殺為勞動的財，因此你們在賺錢工作上較常人辛苦。若有擎羊、火星同宮或相照的人更是『因財被劫』的厲害，只求平順就是福了。

適合行業：軍職、警界、治安單位，屬於堅硬的事業，如礦業、鋼鐵業、五金行業、法院主事、交通運輸。屬於決斷的行業如：軋鋼鐵技師、開堆土機之技師、監獄戒護人員、電器電料工廠、玻璃製作工廠、屠宰廠、工具機械製作或刀劍製作等等。

武破坐命的人

武曲、破軍坐命的人，個性剛強爽直、喜歡冒險、會孤注一擲。一生辛苦勞碌，少小離家，以特殊技藝維生，白手成家，一切靠自己奮鬥而成。你們的工作多半是較危險、且較勞苦的工作。在辛苦之後，你們也會痛快的慰勞自己一番。

武破坐命的人，若有文昌、文曲在命宮的人，會研究特殊專門的學問，任公職，如在兵工廠做槍砲彈藥之專家等職。若有陀羅同宮或相照時，可能殘疾。有火鈴同宮的人，官非爭鬥不從正業。武破坐命的人，也算是『因財被劫』的人，一生的財富不多。

適合行業：軍職、警界、偵防員、安全人員、徵信社、諜報人員、地下工作人員、高危險工作人員、特技演員、兵工廠人員、貨櫃司機、運輸業、船員、玻璃圍幕清洗工作、馬戲團高空特技表演、起重機操作、計程車司機、冒險患難的工作等等。

天同坐命的人

天同坐命的人是天生的好脾氣，行為較懶散。你們是『機月同梁』格的中堅份子，做公務員或固定的薪水階級是最適當的工作了，一生也幸福快樂。

天同坐命『卯』、『酉』宮的人，因對宮有太陰的影響，你們的外表溫柔美麗、喜好文藝和休閒活動，做人也平實、穩重、人緣關係良好。適合做文藝工作、教育界、傳播界、金融銀行界、郵局等平穩的服務工作。

天同坐命『辰』、『戌』宮的人，因對宮有巨門陷落相照，常有口舌是非相擾、生活比較辛苦，在工作上是非也多。適宜做老師、新聞記者、出版業、作家、學術研究等職。

天同坐命『巳』、『亥』宮的人，因對宮有陷落的天梁相照，而有激勵之作用，若加化權，事業會更有成就，可做貿易商，大企業之負責人。若有昌曲、左右、魁鉞等星同宮或相照的人，可在公教單位、大機構上班。若有羊陀、火鈴沖照的人，辛勞且與黑道有關連。

同陰坐命的人

天同、太陰坐命的人，相貌美麗、個性溫柔，此命的男子有趨於女性化的形態出現。你們是『機月同梁』格的基本命格，做公職或大機構工作，朝九晚五是最適當的了，你們會得女子之助而成功，並且還有暴發運和偏財運可幫助你們的事業。

◎同陰坐命『子』宮的人，太陰財星居廟，事業較順利，成就較大，再有祿存、文昌、左輔、右弼同宮或相照的人，是富貴雙全的人。

適合行業：政府官員、政府機要秘書、清高重要之職。學術研究工作、藝術類研究工作、醫生、婦產科醫生、中醫師、中藥買賣、文藝工作、著作或出版業等等。

◎同陰坐命『午』宮的人，因太陰居陷的關係，若命宮中有擎羊星，為『馬頭帶箭』格，從軍警職，可為高官。命宮中無羊刃的人，以公職、文職、固定薪水的工作較佳，不要做生意。

同巨坐命的人

天同、巨門坐命的人，雙星皆居平陷之位，幼年坎坷，一生辛勞、是非口舌不斷。有化祿、化權在命宮的人，若再有昌曲、左右同宮或照會，可在大眾傳播業有發展。

同巨坐命的人，容易和朋友親人發生衝突、不合的現象，一生也較容易犯小人，做事容易有頭無尾，對自己和別人都沒信心。也容易奔忙於玩樂之事，一生工作的時期較短。

適合行業：臨時性的工作、旅遊業、團康活動、記者、保險仲介人、傳銷事業等職。

同梁坐命的人

天同、天梁坐命的人，是隨和善於交際的人，但內心有自己的看法，且是固執、硬脾氣的人。你們喜歡照顧別人，卻不喜歡管自己家裡的事。基本上你們也是『機月同梁』格，做固定薪資的工作較好。

同梁坐命於『寅』宮的人，因天梁居廟地，得到貴人之助，成就較高，一生的運程也較好。同梁坐命『申』宮的人，天梁居陷地，缺少貴人的助力，天同福星又居旺位，較喜享福，人比較懶惰。命宮中再有陀羅星出現的人，容易在酒、色、賭上傷風敗俗，也不喜走正路。

適合行業：旅館業、餐廳業、運輸業、旅遊業、速食業、一切的服務業、仲介業、保險業等等。

廉貞坐命的人

廉貞坐命的人，是不拘小節、性格堅強灑脫、主觀強、性子硬、做事喜歡暗地計劃佈屬，有衝勁、愛爭、勞碌奔波、事業心很重的人。你們的財屬於正財，很少有偏財運，因此必須有固定的職業才行。

廉貞坐命的人，戊、已年生的人有化祿、化權相照，事業成就很大。丙年生有廉貞化忌的人，一生心情不暢快，官非招損的情況嚴重。

適合行業：公職為官、教職、工業設計或管理、工程技術人員、自營商店、個人企業、水電工程、藝品店、裝璜公司、服裝公司、企業主管、電器類、電腦科技類、重工業、與血有關的醫院、檢驗所、傷患救助等行業。

廉相坐命的人

廉貞、天相坐命的人，是保守沈默、內心高傲，卻膽子很小的人。你們只適合服務公職、軍警職、大企業中任職。你們不會自己做生意，也不敢隨便投資。

廉相坐命的人，有化祿在命宮的人，喜歡流連風月場所，享受聲色之娛。若對宮有化權星相照的人，倒是能發奮事業而有成。有廉貞化忌的人，一生心情煩亂，流年不利且有官非。

廉相坐命，命宮中有擎羊星的人，為『刑囚夾印』的格局，為人虛偽好色，容易發生桃花官司、是非纏身，也會影響前程。

適合行業：金融機構做主管、軍警職中管理財務、總務的工作、大企業中管理工作、衣食業、科技業、特殊專門技術之行業、電器類、石油公司、百貨業、加工修理性質的行業。

廉府坐命的人

廉貞、天府坐命的人，是性格保守、節儉吝嗇、人緣關係很不錯的人。你們一生富足，很喜愛忙碌，又喜愛賺錢。因此事業會有很好的成就。若有昌曲、左右、魁鉞同宮或照會的人，從事文教界很有發揮，最適宜公教職，亦可做政府機關的首長，有官命。

廉府坐命的人，若有化忌、羊陀、火鈴、劫空在命宮同宮或相會，其人的性格較陰險，一生的運程也差，勞碌終身，必須多付出努力才能成功。

適合行業：做事務性的工作、官職（事務官）、教職、工程管理人員、銀行及金融機構管理人員、顧問管理公司、地產管理公司、鑑定師、材料管理、培訓人才、軍警職等等。

廉殺坐命的人

廉貞、七殺坐命的人，是個性保守、肯吃苦、做事很賣力、很有衝勁的人。你們通常都擅於理財，也會有很多家產讓你們管理。你們本身做的工作都是極為辛苦，賺錢不多的行業。

廉殺坐命的人，注重物質和精神雙方面的享受，喜歡胡思亂想、自找苦吃。命宮四方三合處若無四殺照會的人，為『雄宿朝元』格，會事業有成、聲名遠播。有多顆煞星相照的人，只宜軍警武職。

廉殺坐命的人，若逢擎羊、陀羅在命宮或在對宮相照的人，需小心『廉殺羊』、『廉殺陀』的格局，流年、流月逢到有性命之憂。

廉殺坐命有文昌在命宮的人，是富而好禮、喜歡文藝、音樂的人，知識水準也會較高。

適合行業：軍警職、政府官員、律師、司法官、民意代表、科技行業、五金行業、電料、電器、電腦資訊業、機械加工生產等行業、特殊技能的行業、文藝界、作家、畫家、金屬加工業、歌舞藝術、演員等行業。

廉破坐命的人

廉貞、破軍坐命的人，是個性剛強、吃苦耐勞、白手起家、為人衝動的人，平常話少，說話時較狂妄，口才甚佳。你們通常幼年身體不好，長大後變好。你們是理想高、抱負大、有志氣的人，很喜歡打拼事業。

廉破坐命的人，縱有化祿在命宮的人，也不適宜經商，但可在財經金融機構任職。有化權在命宮的人，宜政界發展，做公職、軍警職、傳播事業機構工作。有化忌在命宮的人，一生官非不斷、問題重重。有羊陀同宮的人，是非糾纏、殘疾。有火星、鈴星同宮的人，勞碌是非、黑道人物，且會自殺身亡。

適合行業：警界服務、軍職、政治人物、民意代表、公職、政府官員、傳播界、運輸業、貨櫃業、工程人員、建築工程、船員、航海業、石油工業工程人員、煉鋼廠、玻璃工廠、徵信社、消防人員。

廉貪坐命的人

廉貞、貪狼坐命的人，是心直口快、意見多、幻想多、沒主見、行動不太積極的人。你們較對酒、色、財氣感興趣，也較會從事這方面的工作。

廉貪坐命的人，命宮中再有陀羅星時，為『風流彩杖』格，好色無制，會因酒色喪生。若命宮中有化忌星的人，同時也是『羊陀夾忌』惡格的人，流年、流月逢到，因是非而凶死。

廉貪坐命的人最適合軍警職。做其他的行業或文職都有敗局，或流於黑道、無賴之險。

天府坐命的人

天府坐命的人，是保守厚道的人，性情溫和、聰明、精於理財，一生順遂。能在安定中求發展，且喜儲蓄錢財、性格節儉，略為小氣。有昌曲、左右、魁鉞同在命宮或相照的人，能步步高昇而任財經官員。

紫微幫你找工作

◎天府坐命『丑』、『未』的人，因對宮有廉殺的影響，很能吃苦耐勞，做事積極、精於財務，但個性保守孤獨。因有太陽、太陰相夾，命坐『丑』宮的人，主富。命坐『未』，主貴。再有昌曲、左右照會或同宮，考試升等、事業發展很大。宜從公職、官途、金融機構、財經界、經營企業等職。

◎天府坐命『卯』、『酉』宮的人，對宮有武殺相照的影響，其人有領導才能、能主導並開創很多的事業。適合做金融開發、業務員、保險業、仲介業、運輸業，到處奔波的行業。

◎天府坐命『巳』、『亥』宮的人，為居得地之位，其人性格謹慎保守，很會理財。對宮因有紫殺的影響，做事負責、很會打拼。若四方三合處有昌曲、左右照會，能因參加公職考試而居官位。一生富貴。適合公職、教職、金融機構、大企業主管等職。

凡天府坐命的人，有擎羊、陀羅、火星、鈴星在命宮的人，其人奸詐厲害。有空劫在命宮的人，一生孤獨，做事先勤後懶。

（紫府坐命的人請看14頁）
（廉府坐命的人請看32頁）
（武府坐命的人請看24頁）

太陰坐命的人

太陰坐命的人，都是個性溫和、穩重、多學多能、外表文靜、外柔內剛、內在性急好動的人。此命的人，多半多愁善感，善猜疑，性格陰沈。男子也有娘娘腔女性化的特徵。

◎太陰坐命『卯』、『辰』、『巳』宮時，為居陷落之位，亦有『日月反背』的現象，是故財運不佳，一生勞碌。你們是『機月同梁』格的人，必須做薪水階級，生活才會平順。太陰坐命『卯』宮，再有文昌、文曲同宮的人，會以卜卦為業。

◎太陰坐命『酉』、『戌』、『亥』宮的人，為太陰居旺，若再有祿存、化祿、化權在命宮的人，主富。你們都有可靠房地產發跡發富的機緣。太陰坐命『酉』宮的人，適合做金融機構、當舖、旅遊業、仲介業、女性用品業。太陰坐命『戌』宮的人，適合做服務業、飯店、旅遊、演藝人員。太陰坐命『亥』宮的人，為『月朗天門』之格局，會做公教職、大機構上班。命官中有化權的人，會當財務。有化祿的人，會成為富翁。你們靠房地產發富的情形更顯著。

（天機、太陰坐命的人請看18頁）
（天同、太陰坐命的人請看29頁）

（太陽、太陰坐命的人請看21頁）

貪狼坐命的人

貪狼坐命的人，是多才多藝、做事性急潦草馬虎的人。你們的人緣特佳、好動、驛馬強、愛表現。很容易掩飾自己的缺點，頭腦聰明、為人自傲、性格上較喜怒無常。

◎貪狼坐命『寅』、『申』宮的人，因對宮有廉貞居廟相照，雖然貪狼這顆好運星居平陷之位，仍能因思慮周詳、計劃縝密，而有佳運。你們喜愛與人交際應酬、熱心政治。只有庚年生的人，較易走入政治圈行官途。其他的人，宜經商或走文教行業。貪狼與陀羅同宮於『申』宮的人，會做屠宰業。貪狼與陀羅同宮於『寅』、『申』宮的人，皆為『風流彩杖』格局，好酒色。

◎貪狼坐命『辰』、『戌』宮的人，因有對宮武曲星之相照，而形成『武貪格』，有意外暴發之運氣。此命的人最適合做軍警職或是生意人，非貴即富，能成為億萬富翁。若有化祿、化權同在命宮或相照的人，發富、發貴很快。

貪狼坐命『辰』、『戌』宮的人，適合做木類、金類的行業。如出版、寫作、農產品買賣、植物、紙業、治安軍警類、政治界、教師、校長、藥品醫療用品、宗教業、公務員、司法機構、演藝人員等等。
（紫微、貪狼坐命的人請看14頁）
（武曲、貪狼坐命的人請看24頁）
（廉貞、貪狼坐命的人請看35頁）

巨門坐命的人

巨門坐命的人，口才好、重食祿，喜歡講話。更有愛嘮叨、挑剔、不滿現狀、注意小節問題，猜疑心重，而一生口舌是非較多毛病。

巨門坐命居旺位，再有化權星的人，可以做民意代表、進陞官職而掌權。有化祿星、化科星的人，再有昌曲、天姚等桃花星同在命宮，會成為演藝界的名角。有化忌星的人，一生官場是非不斷。若巨門又居陷位逢化忌星同宮的人，是頭腦不清楚的無賴之徒。若再遇『羊陀夾忌』惡格者，流年不利會惡死。

◎巨門坐命『子』、『午』、『巳』、『亥』宮的人，為居旺。口才能力較佳，若再有化權、化祿在命宮的人，會以口才為事業，經過辛苦奔波而事有成，亦可稱富。適合做民意代表、業務代表、仲介業、保險業、汽車推銷員、教師、旅遊業、記者、律師、法官、偵探社、演員、大眾傳播等職。

◎巨門坐命『辰』宮或『戌』宮的人，因巨門居陷，一生是非糾纏，說話不實在，喜歡享福偷懶，一生多靠家人、配偶供應金錢財力，自己沒有事業。做事也做不長久。適合臨時性的工作。

（天機、巨門坐命的人請看19頁）
（天同、巨門坐命的人請看30頁）
（太陽、巨門坐命的人請看22頁）

天相坐命的人

天相坐命的人，是性格溫和、誠實、穩重、謹慎、有正義感的老好人。你們一向喜歡調解紛爭，服務熱心。但也不喜歡惹麻煩，是一個行為端正的乖乖牌。

天相坐命的人，是印星坐命，掌權、掌官祿。你們也喜歡美食、衣著，是一個喜愛享受的福星。天相坐命的人，都有家產，一生金錢富有，你們不論職業的高低，都能兢兢業業很負責的工作，因此能得到優渥生活。

天相坐命，若對宮有化權、化祿相照，事業有成，再有昌曲、左右來照會的人，財官雙美、做官能至高位。若有擎羊、陀羅在命宮的人，巧藝安身，為人較險惡，傷災也多，或因桃花事件而拼命。有火星、鈴星在命宮的人，主殘疾或帶病延年。

有天空、地劫在命宮的人，一生不富裕。

◎天相坐命『丑』、『未』宮的人，對宮有紫破的影響，其人能刻苦耐勞，職位雖不高，但能儲蓄發富，你們適合做公務員、會計人員、總務人員、軍警職、郵局工作、服務人員、調停人員、談判員

◎天相坐命『卯』、『酉』宮的人，對宮有廉破相照的影響，你們一生性格保守、思慮較多、善於理財、有辦事能力。你們適合做推廣業務發展的工作，最適宜貿易、財經類事務。宜公職、軍警、大機構上班。此命之人，若有羊陀在命宮或照會的人，會有巧藝安身，但為『刑囚夾印』之格，有官非傷身之災禍。

◎天相坐命『巳』、『亥』宮的人，對宮有武曲、破軍的影響，其人性格聰明而不拘小節，又喜愛物質享受。只宜公教職、軍警職。若有武曲化忌相照，流年逢之會破產。如有劫空入命宮，則一生貧困。

（紫微、天相坐命的人請看15頁）
（武曲、天相坐命的人請看25頁）
（廉貞、天相坐命的人請看32頁）

天梁坐命的人

天梁坐命的人，表面溫和厚重，但有威嚴、做事果斷、固執、霸道、喜歡照顧別人、有辯才。你們大多有『陽梁昌祿』格，凡格局完整，且太陽、天梁居旺位的人，主考試進等官運旺。你們也大多有『機月同梁』格，適合做公職、固定薪資的工作。

◎天梁在『子』或『午』宮坐命的人，對宮有太陽星相照。以命宮坐『午』宮者為佳，有化權、化祿在命宮的人，官資顯要。李登輝總統即為天梁坐命『午』宮的人。

適合行業：政府官員、政治人物、公職、教職、慈善機構負責人、宗教機構負責人、傳教士、中醫師、教育事業。

◎天梁坐命『丑』或『未』宮的人，對宮有天機陷落相照，命坐『丑』宮的人，財富較多。你們都是有『武貪格』暴發運的人，會在事業與財富上擁有好運。

適合行業：生意人、中醫師、公務員、教育事業、慈善事業、藥品業、宗教事業、公益事業。

◎天梁坐命『巳』或『亥』宮的人，因命宮居陷位，對宮有居廟位的天同福星，因此沒法激進奮發、喜愛享福。但你們又喜歡遊蕩、屬於奔波勞碌型的人。你們因為生活不安定，故財運也陰晴不定。命宮在『巳』宮的人，財運稍好。

適合行業：航海業、船員，到處奔走的學者、漂泊的藝術家、演藝人員、小職員。

（天機、天梁坐命的人請看18頁）
（天同、天梁坐命的人請看30頁）
（太陽、天梁坐命的人請看22頁）

七殺坐命的人

七殺坐命的人，是相貌威嚴、有魄力、個性剛強、喜愛冒險的人。又是好動、喜歡獨當一面，不喜歡別人管束、做事速戰速決，敢做敢當的人。你們一向有堅忍不拔、願吃苦耐勞的精神，因此做事很拼命、很容易成功。

◎七殺坐命『子』、『午』宮的人，對宮有武府相照，其人個性強，性格獨立，適合做公職為官、工程人員、建築工程、鋼鐵廠、軍警職。做生意需防流年不利，事業會破產。亦可做外科醫生、牙科醫生之職。

◎七殺坐命『寅』、『申』宮的人，對宮有紫府相照，一生的運氣好。且有『武貪格』暴發運，每逢七年暴發一次。七殺在『寅』宮時為『七殺仰斗』格，七殺在『

申』宮時為『七殺朝斗』格，此為大將之才命格。能從軍警職進入官途。事業成就非凡。此外做重工業、特務工作、生意人、創業家亦可。

◎七殺坐命『辰』、『戌』宮的人，對宮有廉府相照，你們必須非常辛勞，且要運用交際手腕才能努力成功。但有化忌星或擎羊、陀羅相照的人，容易有災禍發生，運程不順利，也會影響生命的存活。適合做運輸業、貨運駕駛、鋼鐵廠、屠宰業、礦業、五金商、民意代表、汽車業、電器業、科技類產品業、伐木事業、機械、刀具之買製作業。

（紫微、七殺坐命的人請看16頁）
（武曲、七殺坐命的人請看26頁）
（廉貞、七殺坐命的人請看33頁）

破軍坐命的人

破軍坐命的人，是性情剛直、好勝心強、幹勁十足、喜歡創業，早年就離家開始打拼，一生有多次開創格局的人。你們的性格有些反覆不定、私心重，也容易記恨。做事時必須付出很多努力，但總是先破而後成。

◎破軍坐命『子』、『午』宮的人，若是甲年或癸年生的人，因有化權、化祿為『

紫微幫你找工作

英星入廟』格，從公職可有官位掌權。適合做公職、軍職、警政人員、政治人物、民意代表、大機構主管等職。

◎破軍坐命『寅』、『申』宮的人，因受對宮武相的影響，好勝心強，不易與人相處，但樂於助人，較愛享受，但仍一生奔波勞碌。適合做公職、教職、軍警職、服裝業、餐廳業、旅遊業、仲介業、保險業、傳銷事業等等。

◎破軍坐命『辰』、『戌』宮的人，對宮有紫相的影響，你們是在外面人緣好，所到之處是高層次的環境。甲年生的人有化權、癸年生的人有化祿在命宮的人，更是官高一品，獨當一面的能手。適合做軍警職職、政府官員、民意代表、法官、律師、競爭較激烈的行業、政治人物、運輸業、航海業、貨櫃業、港口貨運業、市場買賣等業。

※凡破軍坐命的人，不可有文昌、文曲在命宮同宮或相照，否則破軍即使居廟地也依然窮困，沒有發展。

（紫微、破軍坐命的人請看16頁）。
（武曲、破軍坐命的人請看27頁）。
（廉貞、破軍坐命的人請看34頁）。

祿存坐命的人

祿存坐命的人，是性格剛直、穩重、固執而老實的人。你們因為幼年家庭中的問題，不是無父或無母，就是為別人養子，而形成個性孤獨，比較不合群的性格。但你們一生為賺錢忙碌，性格吝嗇節儉。

祿存單星坐命的人，是為『羊陀夾制』的人，容易一生受他人欺侮，而孤獨。若命宮對宮或三合處有化祿來照會的人，為『雙祿交流』、『雙祿朝垣』格，是億萬富翁之命格。若命宮中有文曲星，再有文昌照會的人，為『祿文拱命』格，在文藝界、教職、官職皆能帶來富貴。

適合行業：文職、官職、公教職、軍警職、金融界、銀行、學術界、科技業、工程業、學術研究、工職、必須辛苦付出勞力的工作且是有固定薪資的工作。

文昌坐命的人

文昌坐命的人，是眉清目秀，舉止文雅的人。你們聰明能幹、思想敏銳、精於計算。但心情容易反覆不定，也容易改變主意。文昌坐命的人，事業上多是先難後易，三十五歲以後才漸順利。命宮居旺，再照會太陽、天梁、祿存的人，有『陽梁昌祿』格，會做公職走官途，暨富且貴。命宮在陷位的人，多為巧藝之人，而且是帶病延年之身。

適合行業：公職、文職、軍警職、文化業、出版業、作家、金融機構工作、大公司職員、會計人員、學術研究工作。

文曲坐命的人

文曲坐命的人，性格略帶孤僻，但人緣好，伶俐善辯、聰明能幹。多向口才、藝術方面發展，也是精打細算型的人物，但桃花重、容易破耗。也容易心情不定性，多思慮。辛年生有文曲化科在命宮的人，思想較有條理、辦事能力高。己年生有文曲化忌在命宮的人，容易詞不達意，以言語遭災，桃花纏身，難以解決。

適合行業：公職、文職、軍警職、教師、演藝工作、口技表演、舞蹈家、戲曲專家、銀行界、金融界、學術界、政界發展。

天魁、天鉞坐命的人

天魁、天鉞坐命的人，基本上都是空宮坐命的人，最好再配合對宮的星曜，才能確實掌握。

紫微幫你找工作

天魁坐命的人，是溫和而有威嚴的人，白晝生的人主貴。你們的頭腦聰明，心直口快，很會幫助人。分析能力很強，說話也很有份量。

適合行業：公職為佳。教育界、軍警界、金融銀行界、財經機構、專門技術的行業、工程界、科技界、水產事業、航運業主管等。

天鉞坐命的人，是溫和、人緣好、氣質高雅，富有同情心，較不會拒絕別人的人。以夜生的人主貴。你們頭腦聰明伶俐，但桃花重，喜歡打扮，很容易談戀愛，其實對感情也有不利的發展。

適合行業：公職、文職、軍警職、藝術類行業、演藝人員、舞蹈家、巡迴表演的劇團、作家、出版業、音樂家等等。

左輔坐命的人

左輔坐命的人，是性格溫和敦厚、風流慷慨的人。你們多半是庶出或幼年由別人帶大的人，沒有得到父母和家庭實際溫暖，因此對朋友較好、重情義。你們是聰明、機智、有謀略的人，穩重、隨和、度量很大，喜歡幫助人，人緣極好。你們的事業也是靠朋友的幫忙而有所成就。

左輔坐命的人，通常都有雙妻命，配偶也是你事業上的助力。

適合行業：做公職、軍警職、做生意、開設工廠、保溫器材、冷凍工廠、房地產、清潔公司、仲介業、雨衣、雨傘、洗衣粉工廠、音響工程、液體化學工廠、貨櫃業、運輸類、玩具業、旅遊業、採訪記者、釣魚器材等等。

右弼坐命的人

右弼坐命的人，是表面隨和、內心剛強專制、異性緣較好，喜歡幫助被認定是自己人的人。你們富有野心、很願努力奮發。你們同樣是幼年與父母緣薄，不是庶出，便是由別人帶養長大，很注重感情的人。同時你們也是講義氣、為人熱心，是較為雞婆型的人。

你們幼年時，家庭環境的關係，讀書運不好，因此沒有很高的學歷。不過都會從正業。而且會有很多好朋友幫忙事業。

適合行業：公職、教職、幼稚園老師、軍警機構僱員、從商做生意、做水產、魚產、運輸業、雨衣、雨傘工廠、玩具業、塑膠產品業、旅遊業等等。

擎羊坐命的人

擎羊坐命的人，個性很固執、敏感、為人衝動，性格剛強，常常自以為是，霸道、有理也講不清，愛與別人計較。擎羊居旺坐命時，性格剛強果決、有機謀掌權威，利於武職。擎羊居陷坐命時，會奸滑不仁、多是非、個性剛暴，與人不合，外傷嚴重，尤以命坐酉宮者會凶死橫夭而亡。擎羊陷落坐命者多是宵小匪盜之輩。

適合行業：可做軍警，事業有成、掌大權。其次做外科醫生、婦產科醫生、獸醫、刀劍、利器製造販賣工作、鋼鐵廠、煉鋼廠、市場販賣、法官、監獄執法人員、救難人員、墳墓看管人員、喪儀社、殯儀館等職。

陀羅坐命的人

陀羅坐命的人，是一生奔波勞碌、是非多、波折很大的人。陀羅在『辰、戌、丑、未』居旺立命時，為人威猛，有機謀，最宜做武職為佳。你們多半會改姓或入贅妻家，有特殊巧藝維生。自幼即離鄉背井，否則不易發展。命宮單星居寅、申、巳、亥的人為居陷，為人心術不正，性格奸滑，一生飄蕩、不行正業。多為匪盜之徒。

適合行業：軍警職、文人不耐久。做運輸業、貨櫃業、計程車司機、電器類、水電行、電器加工廠、工程人員、工具機械或刀槍販賣製作、伐木業、屠宰業、汽車修理廠、礦業開發、五金產品製作販賣、墳墓修建看管。

紫微幫你找工作

火星坐命的人

火星坐命的人，是頭髮和皮膚發紅，性格激烈、脾氣快發快過的人，你們一生都是急躁不安定，做事講求快速、喜歡爭強鬥狠、愛辯論。非常勞碌的人。

火星坐命的人，若對宮有貪狼來會，會形成『火貪格』有暴發運，一生有多次暴發錢財和旺運的機會。每逢流年、流月經過的日子都會爆發。

火星坐命的人，都喜歡賭博，很多人靠賭維生。火星和擎羊星同坐命宮又在『辰』、『戌』、『丑』、『未』宮的人，做武職（軍警職）能成為權威出眾的大將軍，惟性格殘劣。火星坐命有天馬入宮的人，為戰馬坐命，可做軍職或生意人，功業可達成。

適合行業：軍警職、商人、電器、電線、電纜類、加油站、火力發電廠、玩火特技演員、炮燭廠、兵工廠、焊接鐵工、電力公司、消防隊員、賭場、賭徒維生。（火星坐命的人須防火災受傷、喪命等災害。）

天空坐命的人

天空坐命的人，是頭腦好，有特殊幻想與靈感的人，很會創造新的構想，是天才型的人物。天空坐命『酉』宮，而對宮有陽梁來相照的人，為『萬里無雲』格，是志節高超、才德兼備有名望的學者型人物。

天空坐命的人，不重錢財、名利，其命格的特性是逢吉不吉、逢凶不凶。因此天空坐命的人，一生不會為錢財名利去奮鬥，多為空門僧道之人。天空坐命的人，普通都活不過四十歲，有早夭的情形，因此一生也沒有工作的壓力。

地劫坐命的人

地劫坐命的人，是天上劫殺、空亡之神坐命的人，幼年時坎坷不順。身體瘦小，性格善變，喜歡投機取巧，不行正道。多數地劫坐命者都是命坐『巳』、『亥』宮，對宮有廉貪相照的人。廉貪居陷落，因此一生的境遇都不好，流於市井無賴、匪盜之途。若從軍警職或有宗教的教化或可改善一點。

地劫坐命的人，為『命裡逢劫』格，一生飄蕩、起伏、破財刑傷不斷。

適合行業：軍警職、特務、保鏢工作，否則混跡聲色場所、不行正道。

第二章 從外在環境看你適合的行業（從遷移宮看適合的行業）

一個人在成長或生活的環境裡，往往也影響著一個人的個性、習性、對事物的看法、對未來的憧憬、將來的成就，是牽連甚廣的立體空間。我們可以從孟母三遷的例子中知道，從古代便有人注意到這個外在環境的影響了。

『外在環境』狹義的解釋是：離開家，到了外面所遇到的環境。但是在命理學和心理學的觀點上，這個狹義的意義是不足以解釋『外在環境』這四個字的。

『外在環境』的意義要看是以人站在什麼位置來講。譬如說：我們現在要到外面找工作打拼，『外在環境』就是外面的世界。倘若說：我們做學生，學校裡的同學、師長相處的環境，就是我們的『外在環境』。若是以我們自己做為一個『個體』，除了『我』自己這個『個體』以外，、父母、兄弟姐妹對待我們的環境，也就

紫微幫你找工作

是屬於我的『外在環境』了。因此『外在環境』這個名詞有點抽象，也是非常確實能闡述實際狀況的名詞了。

在紫微命盤裡，能實在瞭解我們『外在環境』的宮位就是遷移宮了。遷移宮好的人，如坐福星天同、天相，總能減少一些操勞度，在遇災禍、困難時，也能減少血光、破耗的程度。例如破軍坐命『辰』、『戌』宮的人，遷移宮是紫微、天相，一生是運氣較好，生活水準較高，所處的環境也是能得到尊敬、祥和、平穩的舒適環境。當然一生的成就也較高。工作環境裡也是一片順利祥和的境遇。

遷移宮中有『動』星的人，例如有貪狼、七殺、破軍、天機星的人，是好動、不耐靜，工作環境是奔波勞碌型，自己本身也靜不下來，總喜歡往外跑。你們一生的運程也是起伏很大，喜歡忙碌、做事速度很快，沒法子享福的人。

遷移宮中有『靜態』星曜的人，例如有天梁、天相、天府、紫微、天同等星的人，你們做事與生活的節奏感很慢、思考的速度也慢，但依然是聰明、穩重、信守言諾的人。你們喜歡平靜、安穩、按步就班的生活，因此較不會常換工作，而會在同一個工作崗位上，繼續努力數十年之久。你們是工作職場的中堅份子，同樣也是贏得最後勝利的成功者。

遷移宮中有『行』星的人，這裡所指的『行星』就是太陽、太陰這兩顆星。你們會具有共通點是1.操勞奔波、勞心勞力。2.日出而作、日沒而息的固定式工作環境。3.人生是穩定漸進的運程，不會貪求、也不會好大喜功，比較實在的掌握人生。因此你們會在選擇工作時，注意『穩定性』的問題。

遷移宮中有『煞』星時，例如有七殺、破軍、擎羊這些星曜時，你們是非常大膽的人，在性格上有些侵略性、敢於索取自己想要的東西，或積極想達成自己的目標，也勇於表達自己的看法與意見。你們勇於嚐試，對『失敗』的挫折感不會耿耿於懷。你會做事非常有幹勁，在工作時會南征北討，做些開疆拓土的工作，例如做生意時、開發新客戶等等。

從遷移宮中所看到工作環境的各個型態，也就是你將來要面對的問題型態，如能預先掌握，瞭解應付的方法，就是最能把握人生轉折的最佳利器。也就可以在遇到問題時，立即用最有效的方法解決，如此的能耐，能不說你是掌握命運的高手嗎？

遷移宮中的星曜所代表的環境與行業

當官祿宮中有下列星曜時所代表的意義

紫　微　星：當遷移宮中有紫微星時，你一定是貪狼坐命『子』、『午』的人，紫微是至尊至貴至高之星。你會受到別人的尊敬，人緣極佳。你的職位也會很高，行事順利，一生有無數的好運等待你去發覺與創造。你做任何行業都會成功，最好是做速度感快慢兼備的工作，例如做武職（軍警職）常常調防的工作，如此升官較快，做文職常常出差的工作，如此事業才會有發展。做生意常常來回奔波各地的工作，生意會興隆。或是做銀錢進出較快的工作。

適合工作：房地產業、仲介業、軍警業、股票、期貨操作、金融業、木製品業、土製品業、教育界、出版業、紙類品業、法官、律師業、醫學界、學者、文化界、宗教界、植物業界、畜牧業、領導或培育人才界、裝璜業、礦產、水泥、沙土業等等。

紫府同宮：當遷移宮有紫微、天府雙星同宮時，一定七殺坐命『寅』、『申』宮的人，所處的環境是既富且貴的地位。在人緣關係上也是到處祥和，沒有阻力。本身命理的強勢和運程際遇中無限的好運連連爆發兩相配合，真有所向無敵的架構，你們最適合做軍警業，會官高一品，將是權勢與財勢都是蓋過朝野的人。其次你們做生意人，也會富可敵國。

適合工作：軍警職、公職為佳、大企業機構總裁、金融業、財經官員、銀行總裁、武器製造商、金屬類製造商、飛機製造商、汽車製造商、船舶製造、房屋建造工程、土地買賣、仲介、農產、畜牧業、民生物資製造與買賣業等等。

紫相同宮：當遷移宮中有紫微、天相雙星同宮時，一定是破軍坐命『辰』、『戌』宮的人。你們是本身很積極打拼、動感十足、野心又很大的人。卻身處在靜態，穩定、保守的工作環境裡，這種環境雖然有些死板，但是對你們來說都是最有利的環境，你們會打破許多的禁忌，在苦幹、實幹的衝刺下，坐上最高位，掌握最大的權威。因此你們始終是在高人一等的環境裡，受人欽羨的生活著。

適合工作：政治界、公職為官、軍警職高階官職、領導性人物、黨系領導人、運輸業鉅子、情報頭子、黑社會首領、房地產業、貨櫃業、港口負責人、船運公司老闆、船長、旅遊業老闆等。

紫貪同宮：當遷移宮中有紫微、貪狼雙星同宮時，你是人緣好又會做官的人。因紫貪必在『卯』、『酉』宮桃花地的關係，你也可能常惹一些誹聞，或有男女關係扯不清的問題。要沒有羊陀等煞星在命宮和遷移宮出現，那你真是好運不斷的人了。若是有火、鈴在這兩個宮位出現，你就是擁有暴

紫微幫你找工作

發運的人，讓你多得錢財或升官發財、快樂無比。也有可能酒色財氣的過一生，而糟蹋了紫貪高地位好環境、好人緣、喜攀龍附鳳往上爬及無限好運道的特質，流於世俗的平凡裡。

適合工作：政治界、公職為官、軍警職、教育界、股票期貨操作、賭場管理、補習班、文化界、出版業、作家、學者、農產、畜牧業、房地產、仲介業、保險業等等。

紫破同宮：當遷移宮中有紫微、破軍雙星同宮時，一定是天相坐命在『丑』、『未』宮的人。你們是性格有點固執，喜歡墨守成規的老好人。你們做事很努力，但是做事的方法和結果都是和努力的程度不成正比的。所以你們的職位不高。這大概和你們太安份守己、不會拍馬逢迎有關吧！不過你們雖然很忙碌辛苦，但是生活是穩定而富裕的，也算是不錯了。

適合工作：軍警職、運輸業、工程業、材料管理、倉庫管理、計程車司機、校車司機、保安人員、環保人員、救難人員、消防人員、總務人員、公職、郵局人員、金融機構點鈔或運送人員。

紫殺同宮：當遷移宮中有紫微、七殺雙星同宮時，一定是天府坐命『巳』、『亥』宮的人。你們是性格保守、喜歡做固定工作，而且是工作忙碌，愈忙碌愈快樂的人。你們多半會在公家機關或大企業中工作。做的是與錢財、數字有關的工作。你們的理財能力不錯，做事積極負責，很得到上司的好評。你們一生也有許多好運、暴發運、升官、發財是常常出現在你人生運程中的事情。

適合工作：金融機構、公職、大企業、會計人員、出納人員、教育界、房地產業、保險業、仲介業、科技業、珠寶業、貴金屬買賣業等等。

天機星：當遷移宮中有天機時，你的外在環境常有變動。而你也是一個思想靈活、不喜墨守成規的人。你常常想變換一些花樣去做事，也較喜愛變換工作的環境，尤其是在你稍有不如意，或是得到一點風吹草動的訊息時，你便想要『動』了。

◎當天機星在『子』、『午』宮居旺時，此為『巨門』坐命的人，是個靠口才吃飯的人，多半從事服務業，或是做政治人物、民意代表之流，這些行業的流動與變化性都大，常常變換工作是經常發生的事。

◎當天機星在『丑』、『未』宮時，是居陷落的位置，你是天梁坐命的人，雖然外界的環境不好，但是你們有『陽梁昌祿』格，而且還有『武貪格』暴發運，可參加公職考試和因偏財運得到一些錢財略補你們不好的境遇了。適合做公職、教育、慈善事業、宗教事業等。

◎當天機星在『巳』、『亥』宮時，也是居陷落的位置，你們是太陰星坐命的人。你們有溫和、聰明、儀表好的優點。命格上屬於『機月同梁』格，做上班族或公職職員，生活穩定。

適合工作：文職、公職、教職、房地產管理、出版業、文化業、作家、大企業職員、專家學者、命理學家。不能從商或做會計業務，否則會賠錢。

機陰同宮：當遷移宮中有天機、太陰雙星同宮時，你是空宮坐命的人。本命不強，外面的環境變化多端，而且是勞碌奔波的生活型態。若是陀羅、火、鈴坐命『寅』、『申』宮的人，則會因傷災多，血光問題而常跑醫院，一生的運程也不佳。也可能形成『巨火羊』受火災喪生，或自殺的結局。

適合工作：外務工作、運輸類、快遞公司、軍警職、船員、巡迴演講者、學者、演藝人員、記者、計程車司機、收帳員、郵差。

機梁同宮：當遷移宮中有天機、天梁雙星同宮時，你是空宮坐命的人，也算是本命不強的人。屬於你外面的環境是機智、聰明變化多而快速的環境，也有許多貴人在外面等著幫助你，你會從事的行業多半是要用腦筋去想去策劃的工作。有時你也因為太自做聰明而常換工作。不過你們是有『武貪格』暴發運的人，只要不形成破格，在人生裡總有些好運在等待著你們，你們同時也是『機月同梁』格的人，必須做上班族有固定薪水才能順利。命宮中有『昌曲、左右、魁鉞』等六吉星的人，可以做文職會平安順利。命宮中有羊、陀、火、鈴等煞星的人，做武職較佳，也可以做外科醫生、獸醫、消防員等職。

適合工作：文職：作家、老師、智囊團、秘書、設計人員、記者、出版業、雜誌編輯、唱片製作人、舞台設計、廣告、傳播公司設計等等。

武職：軍警職、外科醫生、獸醫、消防員、屠宰場、法醫、監獄管理、執法人員、法警等。

機巨同宮：當遷移宮中有天機、巨門同宮時，你是空宮坐命的人。你的研究心很強、很固執，利於研究學問。你在外面的環境裡是非與變化都多，你也很好辯論，不信邪。因此在人緣上有些不順，只要能改變好辯的性格，立刻會得到改善。你的金錢運不好，須要靠固定職業的收入來穩定。命宮中有擎羊、火、鈴進入時，因居陷位，是形態猥瑣奸滑的小人，此時是非更多，傷災更多，流年不利會因血光而喪生。

適合工作：教師、補習班老師、命理師、做符仔仙、乩童、軍警職、消防員、義警、無業遊民。

太陽星：當還移宮中有太陽星單星時，你是做事很有原則的人，性格坦白、沒有心機、剛直、無私、性急、不拘小節、喜歡打抱不平的人。

◎當太陽居『子』、『午』宮時，你是天梁坐命的人。屬於是『陽梁昌祿』格，一定會靠考試進等、貴人提拔而登權貴之位。

◎當太陽在『辰』、『戌』宮時，你是太陰坐命的人。你有雙重的個性，自己本身很溫和陰柔，性格豪邁不計較，但是細心的功夫卻一點也不差。做公職和上班族或和人群接觸的行業及服務業可讓你賺很多錢。太陽在『戌』宮時，是『日月反背』的格局，外面的男人與女人都不好相處，做公職和上班族，多忍耐，才會順利。

◎當太陽在『巳』、『亥』宮時，你是巨門坐命的人。你的口才好、性格爽朗、擁抱人群、多操勞一點，會有好成績。你們也是『陽梁昌祿』格的人，利於考試增加工作運。辛年生的人，有化權在遷移宮、有化祿在命宮，用口才賺錢是一把罩的人，就是競選公職、民代表也是輕而易舉的事。尤其是太陽在『巳』宮居旺，巨門命坐『亥』宮的人，是有極端『

貴』運的人。

適合工作：公職、政治人物、民意代表、大公司職員、老師、補習班、服務業、仲介業、保險業、演藝人員、軍警職、醫療業、慈善業、房地產業、服務業、專家學者、黨務工作、調查局、稅務機關、郵局、社會工作人員等。

日月同宮：當遷移宮中有太陽、太陰雙星同宮時，你是空宮坐命的人。你的心情常起伏不定，是『晴時多雲偶陣雨』的人。你一生的運程也起起伏伏，非常勞碌，如日月般的奔波，錢財上也多是非煩惱。命宮在『未』宮，有六吉星進入時，你是相貌美麗、端莊，多半會走學術路線，或做藝術家如音樂家、畫家之流。在學校教書或在公家機關主管文藝的事務對你有利。

當命宮中有羊陀、火鈴坐命時，你常有傷災、災禍發生，情況很嚴重。你們會做奔波不停的工作。

適合工作：文職、教師、學者、音樂家、畫家、演藝人員、公職、軍警職、消防員、運輸業、外科醫生、獸醫、屠宰業、兵工廠工作、軍用品販賣、計程車司機等。

陽梁同宮：當遷移宮中有太陽、天梁雙星同宮時，也是空宮坐命的人，你們有愛面子、事業心較強，為人爽朗不拘小節。你們都是有『陽梁昌祿』格的人，經由考試可做國家高級公務員，走官途很有發展。

命宮中有擎羊、火星、鈴星進入的人，為人較險惡，常說一套做一套，也傷害『陽梁昌祿』格，因此成就會差。

適合工作：公職、文職、技術性官員、文藝類官員、社會局官員、慈善機構負責人、學者、教授、宗教界、獸醫、跌打師父、傷科大夫、中醫師、算命業等。

陽巨同宮：當遷移宮中有太陽、巨門雙星同宮時，亦是空宮坐命的人。你們很有事業心，但事業上的競爭性很強，賺錢比較辛苦。但你們做事很勤奮而且一板一眼的努力，也是很容易成功的人，適合運用口才的事業。命宮有天刑，再遇遷移宮中有化權星的人，可做司法官、律師。

命宮在『申』宮有六吉星進入的人，可做傳播界的名人，在外口福好，事業上的財利也較多。

命宮中有陀羅、火、鈴進入的人，脾氣爆躁、好吹噓、是非多，較會不行正業，是麻煩的人物。

適合工作：公職、教師、訓練人才的人員、保險業、仲介業、律師法官、公關人員、補習班業、傳播業、廣告業、記者、仲介業、房地產業、電話接線生、演藝人員、烹飪節目主持人等職。

武曲星：當遷移宮中有武曲單星在宮位時，你是貪狼坐命的人。你非常的好動，做事性急，喜歡速戰速決。但是往往求快而潦草馬虎。你的人緣很好。外面的世界就是你的財庫，是『武貪格』的形式，一生有多次暴發運能幫你發在事業上、財運上。你本身又是多才多藝的人。用藝高膽大來形容你們真不為過，在錢財大進大出、暴起暴落之間，你們隨時會東山再起，又闖出一番局面。你們在性格上屬於內方外圓的人，因此在事業上非常有助益。

適合工作：軍警職、商人、股票期貨大戶、金融操作、財務顧問公司、經營五金、農產品、文化業、出版業、仲介業、貿易進出口、教師等。

武府同宮：當遷移宮中有武曲、天府雙星同宮時，你是七殺坐命的人。你外面的環境是一個大財庫，等著你去淘金。因此你很年輕就會離家打拼，經過一番奮鬥，在錢財上得到無限好運。

武府同宮時，若有擎羊、火星同宮或相照的人，會形成煞星太多，『因財被劫』的困擾，不但血光增多，而且賺不到什麼錢，辛勞無比。

武府同宮時，若沒有煞星同宮，而有文昌、文曲、天魁、左輔、右弼同宮的人，工作環境是文化氣質高、人緣好、貴人多、生活富裕，喜歡物質享受，性格保守卻有些善變的人。由於你們是個天生的勞碌命，又對錢財有特殊的計算能力，事業的成就會很大。

適合工作：軍警職、生意人、金融機構的負責人、主管，做公職也會管錢。醫生、外科醫生、婦產科醫生、貿易公司、股票、期貨操作員、仲介業、房地產業、貴金屬業、珠寶業、五金行業、服飾業等。

武相同宮：當遷移宮中有武曲、天相雙星同宮時，你是破軍坐命在『寅』、『申』宮的人。你外面的環境是平穩、祥和有中等富有的格局。武相在遷移宮的人，不可有文昌、文曲來同宮或照會。會有貧困和水厄的情況發生。有昌曲同宮的人，會忙碌於虛名，有名無利的工作，如沽名釣譽的藝術、慈善等事業，而沒有實際的賺錢能力。有陀羅、火鈴同宮的人，性情粗暴，『因財被劫』，不行正業，只為宵小匪盜之徒。

適合工作：公職、軍職、固定薪資而忙碌的工作、公司職員、不可管財務、計算能力不佳。只可做事務性的工作。運輸業、計程車司機、市場買賣業、餐廳、旅館的工作、小生意等。

紫微幫你找工作

武貪同宮：當遷移宮有武曲、貪狼雙星同宮時，你是空宮坐命在『丑』、『未』宮的人。你具有剛強的個性，多才多藝，敢於嘗試，凡事都自己來。你們三十至三十五歲以後才開運，有異端突起之暴發運，能做大事業。但也有『暴起暴落』的問題，運程是大起大落型的。你們在個性上比較慳吝，不信邪，只相信自己，須防賭博與好酒敗事。有羊陀同宮或相照的人，為破格，暴發運、偏財運發的較小或不發，為有特殊技藝在身的人。有火星、鈴星與武貪同宮，或命宮是火星、鈴星的人，為具有雙重暴發運或偏財運的人，爆發財富極大，有億萬之資。有武曲化忌的人，會因錢財上產生是非、困難而不暴發，或在暴發後破產。有貪狼化忌的人，其本人身上會有一些缺陷，也會產生不暴發好運及財運。或是爆發後有是非、官非糾纏不清的問題。且有人緣不佳的狀況。

適合工作：軍警職、生意人、貿易、科技人材、股票、期貨操作、顧問公司、金融業、五金類、機械類、鋼鐵業、電腦業、汽車修理業、文化業、出版業、仲介業、房地產業、貴金屬買賣業、飛機、汽車、機車製造、修理業、鐵工廠、罐頭加工廠、市場買賣等。

武殺同宮：當遷移宮有武曲、七殺雙星同宮時，你是天府坐命在『卯』、『酉』宮的人。你是一個保守的人，只知道埋頭苦幹，做起事來很辛苦，賺錢不多，剛可溫飽稍有節餘的局面。天府坐命的人，都愛儲蓄積財，也可小富。若四方三合地帶有吉星幫扶，亦可有大財富。

武殺同宮時，都是『因財被劫』的格局。再有羊陀、火鈴、四煞同宮或相照的人，因爭奪錢財而喪命的可能性很大。

適合工作：軍警職、推銷業、仲介業、保險經紀、汽車銷售員、傳銷事業、市場銷售、貨櫃業、運輸業、保全業（須請專人管理錢財）。

武破同宮：當遷移宮中有武曲、破軍雙星同宮時，你是天相坐命『巳』、『亥』宮的人。你是一個具有某方面保守，另一方面又大膽的性格。在外面的環境也是『因財被劫』的形式，賺錢不易，破耗又多的狀況。事實上做軍警職是你最佳的出路，你善於官場學，因此做到高級軍官、警官是不成問題的事。做文職較為不利，可以在金融機構做職員，常有破耗、賠錢的事情發生，也會因人事關係操勞不停。

當遷移宮或命宮有文昌、文曲出現時，雖長相文雅，但一生貧困，且有水厄。當遷移宮或命宮中有火星、鈴星、陀羅時，為人較險惡，一生也多是非傷災，且有因錢財破產暴斃死亡的可能。

適合工作：軍警職、在軍中管理軍需物資、糧餉之官位工作、金融機構職員、運輸業、船業、傳銷事業、市場買賣、保險業、仲介業等等。

天同星：當還移宮中有天同星單星出現時，天同是福星，你在外面的環境是穩重、平和、變化少、沒有任何阻礙的境遇，這也讓你缺乏了打拼的意志力，而趨向怠惰。通常有天同星在遷移宮的人都會做公務員或上班族，只要工作穩定，便不想動了。有的人更賦閒在家，不事工作，以休閒娛樂為己業。

◎天同為遷移宮居『辰』、『戌』宮，屬於巨門坐命於『辰』、『戌』宮的人，常有此情況發生。常靠父母、配偶供給財物，自己不事生產。

◎還移宮是天同在『卯』、『酉』宮的人，是太陰坐命的人。太陰坐命『酉』宮為居旺，有『陽梁昌祿』格的助運，本身又是財星居旺，做高級公務員、行商、做房地產，都有美滿旺盛的事業，財富是一等的富裕。命宮太陰坐『卯』宮的人，是財星陷落的人，一生操勞財不多。若有文曲在命宮或還移宮出現，可做算命術士。不過你們全都有『武貪格』暴發運，也可在好運爆發時，多得錢財。

◎遷移宮為天同居『巳』、『亥』宮的人，你們天梁坐命『巳』、『亥』宮為陷落的人，你們一生逍遙，喜歡奔波於玩樂之事。事業上的發展不大，適合文職機構任職。

適合工作：軍警文職、公務員、教師、貿易、房地產、運輸事業負責人、仲介業、算命業、慈善事業、藝術業、演藝業、金融會計業、打字員、出版業、文化業、管家、賦閒。

同陰同宮：當遷移宮中有天同、太陰雙星同宮時，你是空宮坐命在『子』或『午』宮的人。你有溫和文雅的外表，在外面的環境是祥和、平順與女人的關係較好的人。命坐午宮，有擎羊星坐命，遷移宮是同陰的人，為『馬頭帶箭』格，個子小、性情剛硬、外柔內剛、勇猛無比，有大將之才。做武將會有奇遇，既富且貴。

當遷移宮有同陰雙星時，你們都是具有『機月同梁』格和『武貪格』的人，因此做公務員極佳，買些股票、彩券會有暴發運。

適合工作：軍警職、公務員、公職為官、金融機機工作、會計、出納工作、股票、期貨操作員、教師、公家、學校機關文職工作、出版業、文化業、打字員、電腦操作員、科技人才、外交機構任職、中醫師、中藥買賣、學術機構負責人、五術人才等等。

同巨同宮：當遷移宮中有天同、巨門雙星同宮時，你是空宮坐命在『丑』、『未』宮的人。你是幼年坎坷不順利，是非較多，一生辛勞不斷的人。你外面的環境不太好，是非糾纏多，讓你心情不平靜，小人太多，讓你做事常感困難半途而廢。你也常感覺有與人相處不易的問題。

◎命坐『未』宮有昌曲入宮，有同巨在遷移宮的人，再有左輔、右弼相夾，為『明珠出海』格，丙、丁、辛、癸年生有化祿、化權在遷移宮的人，是財官雙美的格局，事業上較有發展。做教職、學術、政治人物走官途較佳。

◎有羊陀、火鈴、劫空等星在遷移宮或命宮裡的人，會有邪淫之事或鬱悶自殺死亡之事。有火鈴居遷移宮或命宮的人，會有火厄，臉上生胎記或大痣的相貌。一生的運氣不佳。

◎凡遷移宮有同巨，沒有『明珠出海』格的人，都是喜歡忙碌玩樂之事，只能做些臨時性的工作，無法對事業付出長期性努力的人。

適合工作：軍警職、仲介業、傳銷事業、房地產、自助餐業、便當業、臨時性的工作。

同梁同宮：當遷移宮中有天同、天梁雙星同宮時，你是空宮坐命『寅』、『申』宮的人。你在外面的人緣很好，很喜歡照顧別人，當同梁居『寅』時，你很有貴人緣，做人隨和、遇事順利，工作場所是非很多，適合做服務業、賺錢較多。

當同梁在『申』宮時，因天梁陷落，你比較沒有貴人幫助，你的性情較懶，工作做不長久，也賺不到什麼錢。

◎當遷移宮是同梁，命宮中有昌曲、魁鉞、左右等星時，不會煞星，你有溫和、善良、固執的相貌，別人也會尊重你。當命宮中有陀羅、火星、鈴星時，你的個性急躁、相貌微露凶相，不喜正業，做事會不順利，一生運程也不佳，傷災較多。

適合工作：服務業、仲介業、房地產業、餐飲業、旅館業、旅遊業、酒類販賣、演藝業、歌廳、舞廳聲色場所工作、煙類販賣、賭場工作、酒店工作、黑道。

廉貞星：當遷移宮中有廉貞星時，你是貪狼坐命在『寅』宮或『申』宮的人。你會有不講究俗套，性格堅強、瀟灑豪放的特性。你在外面環境是好壞兼備的局面。桃花運強，人緣佳，很會運用交際手腕去攏絡人，達到你工作時的順利成果是好的一面。凡事須要操勞計劃營謀才能獲利，這是較辛苦的一面。另外，在遷移宮中再遇陀羅、火鈴、化忌等星，做事會不順利，有血光、官非問題，會讓你倍受困擾、心情煩亂。

◎遷移宮中有火星、鈴星會與本命貪狼星，形成『火貪』、『鈴貪』格，能爆發偏財運，火星在『寅』宮的人，爆發的錢財較多。

適合工作：軍警職、公教職、工業技術部門、自設商店、護士、藝品店老闆、大公司職員、出版業、文化業、房地產業、仲介業、水電工程、科技業、電腦業、石油公司、郵局、股票、期貨操作、兵工廠、特殊專業技術製造工作等。

廉相同宮：當遷移宮中有廉貞、天相雙星同宮時，你是破軍坐命『子』或『午』宮的人。你外面的環境是平和、順利，有一些保守、固執。在你天性喜歡打拼的衝動之下，很容易打開這個保守的環境，賺到很多的錢財，同時也得到很高的職位。

有廉相在遷移宮的人，不可有文昌、文曲同宮或相照，否則和對宮的破軍相應合，形成破局，一生貧困，且有水厄的災禍。而且也不宜有羊陀、火鈴同宮或相照，煞星會太多，傷災血光，破耗也太多。其人的性格奸惡，一生的運程也有不佳之境遇。

適合工作：公務員、管理人才、經理事業之人才、軍警職、運輸業、貨櫃業、外銷貿易、進口貿易、汽車銷售業、船運業、貨物流通業、百貨業、魚船業、水產業、冷藏器具業、冷凍工廠、清潔公司、洗衣粉製造、旅遊業、湖泊工程業、音響業、流動性演藝工作、菜市場買賣。

廉府同宮：當遷移宮中有廉貞、天府同宮時，你必是七殺坐命『辰』宮或『戌』宮的人。你的性格剛毅有幹勁，在外面的環境平順、富裕、賺錢很容易。你有很好的外交手腕，為人節省、保守，對於錢財和辦事能力上有一定的固執和堅持。能獲得很大的財富。

◎當遷移宮中羊、陀、火、鈴進入時，外面的環境形成是非、血光多的局面。有羊陀者會形成『廉殺羊』、『廉殺陀』有車禍血光死亡的可能。有火、鈴者，心情鬱悶、急躁、不愛說話、是非增多、血光不免。

適合工作：文職、公職、軍警職、傳播業、管理人才、經融人才、科技人才、文藝界、廣告業、文化業、教育、出版業、海事、海產專科學校任職、船員、計程車司機、鋼鐵廠、兵工廠、銀行等。

廉貪同宮：當遷移宮中有廉貞、貪狼雙星同宮時，你是空宮坐命『巳』宮或『亥』宮的人。廉貪因俱陷落，故你在外面的環境很不好。人緣不佳，經濟不富裕，勞碌奔波，一事無成。只適合做軍警職，會循序升官，略有官職，從文職不耐久，會斷斷續續，無以為繼，一生顛沛流離。

◎廉貪在還移宮的人，有祿存在命宮，稍富，但為羊陀相夾，一生為人欺侮，為人猥瑣。有文昌、文曲同宮或相照的人，虛而不實，浮誇多謊言。有化忌同宮的人，一生多災禍，下賤孤寒。有劫空在命宮的人，一生起伏不定，虛浮不實，無法做正當職業。

適合工作：軍警武職、無業遊民。

廉殺同宮：當還移宮中有廉貞、七殺雙星同宮時，你是天府坐命在『丑』宮或『未』宮的人。你為人保守、孤獨，外面的環境又是必須拼命努力奮戰撕殺才能有成就，因此常讓你有力不從心之感，若沒有吉星在四方三合處幫扶，會有做事半途而廢的情形，所以做公職和固定的上班族、大企業的職員，就是你們最佳的考量了。

◎當還移宮中有文昌、文曲、天魁、天鉞等星同宮或照會時，你會有金榜題名，考入公職機構的佳運。若有羊陀、火鈴同宮或照會的人，會形成『廉殺羊』、『廉殺陀』的格局、車禍、血光會有性命之憂，要小心，若有天空、地劫同宮或照會的人，則終身辛勞奔波、無財。

適合工作：警職、公職、教師、大企業職員、金融機構主管、公司總務、出納人員、管理人才、政府官職、小生意經營者。

廉破同宮：當遷移宮中有廉貞、破軍雙星同宮時，你是天相坐命在『卯』宮或『酉』宮的人。因為廉破二星皆居平陷之位，因此你外面的環境不太好，常讓你破耗，或因思慮不周而敗事。因此你是個保守而且小心謹慎的人，對錢財的事更加小心，還算是個會理財的人。但是只能做別人公司或金融機構裡主掌業務發展之人，而不能自己做生意。以防有敗局。

◎遷移宮中有廉破的人，你們具有『武貪格』暴發運，做軍警職、公職可升官，亦可多進錢財。有羊、陀、火、鈴的人，會有巧藝維生，但有傷殘、官非的問題，一生遭遇不是很好。

適合工作：軍警職、公務員、石油公司工作、貿易公司、財經機構、保全公司、稅務機關調查員、調查局探員、偵探社、特務人員、運輸、貨運公司、船舶公司、貨櫃場、市場買賣業等等。

天府星：當遷移宮中有天府星時，你在外面的環境是一個大財庫。你會是從小便離家在外鄉打拚的人。一生辛勞節儉，按步就班，行為保守的駐守在自己的崗位上。

◎當天府星在『丑』、『未』宮時，你是廉殺坐命的人，擅於理財、喜愛文藝活動、注重精神與物質的享受。你們都是有家財的人，努力於工作，並不是只注重錢財的多寡，而是注重自我能力的肯定。因此可以聲名遠播而主貴。若有其他殺星在遷移宮中出現時，只宜做軍警職。

◎當天府星在『卯』、『酉』宮時，你是武殺坐命的人。你的個性固執剛毅，為力在工作上的表現，你會奮不顧身。雖然外在的環境是一個大財庫。但你本命是『因財被劫』的命格，因此會份外辛苦，所賺到的錢不多。做軍警武職或鋼鐵、刀槍之類的銷售、製造工作最合適。

◎當天府星在『巳』、『亥』宮時，你是紫殺坐命的人。你的外表穩重堅毅，做事有魄力，喜掌權，雄心勃勃，性格好強很健談。你在外面的環境是一個大財庫，只要你努力去做，就有無限的好運。你是具有『武貪格』暴發運的人，能讓你大發財富。你適合做軍警職，文職也有成就，例如傳播業、廣播電台、文藝界、藝術家、音樂家、畫家等等。

適合工作：軍警職、公務員、傳播界、律師、法官、獄政工作、金融業、銀行業、保安人員、特務、鋼鐵工廠、工廠、屠宰業、汽車製造與銷售、廣告公司、廣播電台、作家、文藝圈、藝術家、音樂家、畫家等等。

太陰星：當遷移宮中有太陰星時，你在外面的環境有傾向溫和、陰柔、文質、穩重、優美、有廣泛的知識性，易受感動而變化。而你也會深受這些因素的影響而具有上述的特質。

◎當太陰星在『卯』宮及『酉』宮時，你是天同坐命的人。你們是『機月同梁』格的人，做公職或固定的上班族較穩定。

◎當太陰在『辰』宮及『戌』宮時，你是太陽坐命的人。太陰在『辰』宮時為陷落，此時太陽也居陷坐命，你們是『日月反背』的格局，一生先勤後惰，勞碌而運程不佳。

當太陰在『戌』宮時為居旺，此時太陽也居旺坐命，你是聰明、內向、喜愛思考的人，會少年得志，一生運程順遂。

◎當太陰在『巳』宮或『亥』宮時，你是天機坐命的人，你有多愁善感及聰明的頭腦，但本命天機是居陷落的位置，因此你常胡思亂想，自做聰明，喜歡搞怪。而影響你在外面的環境。但你們都是『機月同梁』格，只適合公務員和薪水階級的工作。

適合工作：公務員、政府官員、大公司職員、金融機構、銀行職員、會計工作、出版業、編輯、秘書、護士、郵局工作、事務員、社會工作、房地產管理、仲介業、作家、美術設計、打字員、慈善工作、文職等等。（太陰陷落的人不適合管錢，否則會賠錢）

貪狼星：當遷移宮中有貪狼星時，你是速度感很快，人緣很好，不會得罪人。但是你生性喜歡變化，性格有點無常，做事潦草，虎頭蛇尾。

◎當貪狼在『子』宮或『午』宮時，你是紫微坐命的人。這時你是做人圓滑、口才特佳、穩重而又有修養的人，也增加了你工作上的穩定性。有化祿、化權在遷移宮的人，在外財祿好，有權勢，能掌控外界的環境，做事時很有衝勁，極容易成功。有羊陀、化忌在遷移宮的人，在外易有傷災、做事不順利，人緣也不佳。有火鈴在遷移宮的人，會形成暴發格，擁有偏財運、可多得錢財，一生好運無限。

◎當貪狼星在『寅』宮或『申』宮時，你是廉貞坐命的人，很熱衷攏絡人的事情，善於計劃，思慮周密，很注重自己的利益，因此也很樂於投資在人際關係上。你們適合做公務員、工程人員、官職。

◎當貪狼星在『辰』宮或『戌』宮時，你是武曲坐命的人，你們是『武貪格』暴發運正格的擁有者。當擎羊、陀羅進入遷移宮時『武貪格』成為破格，暴發運會發得較小或不發了。當有化忌出現在遷移宮時，你會在暴發運爆發之後而有麻煩是非、官非的問題。當火星、鈴星出現在遷移宮時，你是具有雙重暴發運的人。你會成為億萬富翁。你適合做軍警職和生意人。

適合工作：軍警職、公職為官、商人、大財閥、大企業總裁。金融業、股票、期貨操作、珠寶業、五金類、貿易、技術類人員、文職、編輯、作家、文化業、屠宰業、金屬器材買賣、服飾業、鋼鐵生意、礦業、鑑定師、法官、交通業、科技界、機械買賣、刀劍類、教育界、政治界、司法官、教育用品類、書店等等。

巨門星：當遷移宮中有巨門星時，你是口才很好、食祿周全的人。但是容易不滿現狀，比較嘮叨、挑剔、注重小節的人。一生口舌是非多，疑心病重，讓人捉摸不定。

◎當巨門在『子』宮或『午』宮時，你是天機坐命的人，此時天機和巨門都居旺位，若有化祿、化權在此二宮位的人，為富格，事業會有成。若有化忌在此二宮位的人，一生多是非糾纏，其人的頭腦也有問題，是非黑白不清。一生多災多難，運程不順利。若有擎羊在遷移宮的人，多傷災，其人較邪。若是巨、火、羊同在遷移宮的人，有火厄或以自殺身亡。

◎當巨門星在『辰』宮或『戌』宮時，你是天同坐命的人。因天同和巨門同在平陷之位，一生辛勞、口舌是非增多。巨門在『辰』宮時較勞碌，做公職、可平順。巨門居『戌』宮的人，則靠父母、配偶而得財，一生沒有事業可言。

◎當巨門在『巳『宮或『亥』宮時，你是太陽坐命的人。你們的性格較開朗豪放，喜愛說話，口才極佳。以巨門在『亥』宮，太陽坐命『巳』宮居旺者為佳。有化祿、化權進入此宮的人，有官貴，是名符其實的『陽梁昌祿』格的人。巨門居『巳』宮時，則太陽坐命『亥』宮為居陷，一生運程較差。若有羊陀、火鈴、化忌進入『巳』、『亥』宮時，會影響其人一生的成就，也會有火厄、傷災、是非糾纏的問題出現。尤其是太陽居陷坐命的人，會有在黑道奔忙，牢獄之災的狀況。

適合工作：軍警職、公職、官職、政治人物、民意代表、助選員、學者、教師、記者、傳播業、廣播電台工作、推銷員、仲介業、傳銷事業、房地產銷售、保險業、汽車銷售、演藝人員、黑道、家管等業。

天相星：當遷移宮中有天相星時，你外在的環境是穩定、財運平順的環境。你會孜孜不倦的工作，是人緣不錯，有努力有收穫的好環境。

◎當天相在『丑』宮或『未』宮時，你是紫破坐命的人。你一生努力奮鬥，很能刻苦耐勞。此命格的人皆不宜從商，有破耗。只宜從軍警職或薪水階級。

◎當天相在『卯』宮或『酉』宮時，你是廉破坐命的人。因此你們是勞碌型的人，外面的環境只是次等的福地。你們為人刻苦、白手成家、性格陰沈、衝動，常因思慮不周全而說話得罪人。

你們適合做軍警職、保安人員、徵信社、特務工作，也可以做貿易、財經工作，但不適合自己開業做老闆，會賠錢。

◎當天相在『巳』宮或『亥』宮時，你是武破坐命的人，天相在得地之位。你在外面的環境只是普通舒適的境遇，尚稱穩定、保守。通常你們都是極端大膽的人，喜歡用冒險、孤注一擲的方式來討生活，敢做別人所不敢做的事，賺錢的方式也是較勞苦的方式。因為外面缺乏你這種大膽狂徒，因此你能所向無敵拿到你要做的工作。

適合工作：軍警職、保安人員、徵信社、特務、特技人員、高危險特技表演、軍警機構財經人員、玻璃圍幕清洗工作、飛車特技人員、敢死隊員、體育性競技人員、調查局、稅務機構查稅員、學術試驗人員、政治人物、黑道人物。

天梁星：當遷移宮中有天梁星時，你外在的環境是溫和、平穩、善良、慈愛、是非曲直很清楚的環境。這也會影響你的個性會聰明、耿直、行事果斷的風格。

◎當天梁在『子』宮或『午』宮時，你是太陽坐命的人，你們是『陽梁昌祿』格與『機月同梁』格的混合體，有考試運和公務員的命，這也是進階官途的必要條件，你們一生有貴人運，可得貴人扶持增貴。財富也有億萬之資。

若有羊陀、火鈴、劫空進入遷移宮時，則外在環境變為不佳，其人只為平凡之輩。

◎當天梁在『丑』宮或『未』宮時，你是天機居陷坐命的人。命程起伏不定，常要靠外面的貴人來解救。你們都是有『武貪格』暴發運的人，也是『陽梁昌祿』格和『機月同梁』格的混合體，因此做公職、學者也會有好的表現。遷移宮中同樣不可有羊陀、火鈴出現，否則有礙前程，為凡夫俗子。

◎當天梁在『巳』宮或『亥』宮時，你是天同坐命的人，此時天梁居陷，沒有貴人助運，因此要靠自己奮發有為才行。若有化權、化祿在命宮，或有一、兩顆煞星在遷移宮的人，四方三合地帶再有昌曲、左右、做貿易生意亦可主富。但你的貴人多半是平輩之人，無法得到長輩的提攜。

適合工作：公職、官職、教育界、學術界、醫學界、中醫、中藥界、慈善工作、宗教團體的工作、幕僚人員、企管人才、算命五術人才等等。

七殺星：當遷移宮中有七殺星時，你外在的環境是必須努力打拚才能有財的環境。十分勞碌辛苦，但頭腦聰明的你，很知道該努力的方向。在努力的過程中你也感受到了工作的快樂，你是一個樂在工作的人。

◎當七殺在『子』宮或『午』宮時，你是武府坐命的人。天性保守，精於計算財物，很會賺錢。故而你們事業會永遠居於高峰期。

◎當七殺在『寅』宮或『申』宮時，你是紫府坐命的人。你在外面的環境是不斷辛苦操勞，得財很多的環境。又有『武貪格』暴發運，在你具有經營頭腦的營謀之下，成為一個富翁是輕而易舉的事。若有陀羅、火鈴出現在遷移宮的人，在外多傷災，外在環境也不好，只能成為平凡人。

◎當七殺在『辰』宮或『戌』宮時，你是廉府坐命的人，外面的環境，必須衝鋒陷陣與之相對抗，戰勝了才能得財。所幸廉府的人是攻於心計，不愛說話，很會運用外交手腕、人際關係，在不斷的辛勞裡，戰勝了這場奪財之戰。而且樂在其中。你所適合的行業是公務員、文藝界、學者。

適合工作：軍警職、公職為官、普通公務員、文藝界、傳播界、廣告界、金融機構主管、技術性官僚、學者、教職、企業管理人才、金屬工廠管理人才、高科技人才、水電工程人才、建築人才、船舶建造人才、交通系統工程人才、特殊產業管理製造人才等等。

破軍星：當遷移宮中有破軍星時，你在外面的環境是變化多端、混亂的，沒有秩序的，起伏不定的，不可預知的一種狀況。你必須大膽的去突破它，它就像糾纏在一起的繩索，你必須去解套才行。一般來說，擁有遷移宮是破軍星的人，都有保守、固執的特質，有思路清晰、分析能力很強，做事很有技巧，有正義感、兼具圓滑的外交能力，是一個十分能幹的人，而且你們很有毅力去突破困難。

◎當破軍星在『子』宮或『午』宮時，你是廉相坐命的人。你是保守頑固的人，膽子很小，只有自己設定的工作範圍，你害怕投資，恐懼失敗，因此你只會一步一步的往上爬，守住自己的崗位，所以你一定是在公家

紫微幫你找工作

機關中工作，或是在知名的大企業中有穩定的薪水。

◎當破軍星在『寅』宮或『申』宮時，你是武相坐命的人。你的個性剛直有正義感，分析能力強。也喜歡幫助別人，外界的環境很混亂，但你卻有膽量去突破它，重新為它建立秩序。因此你是個很有膽識的人。在勇於擔當責任，會力求改進，達成圓滿。你的事業會做得很順暢，並有高職位。你適合做公職、教職、食品餐飲業、服飾業、軍警職中管理軍需的工作、公司負責人等職。

◎當破軍在『辰』宮或『戌』宮時，你是紫相坐命的人。你的外表與個性都穩重、溫和，有特殊高尚的氣質。腦筋聰明、分析能力很強，適合特殊科技事物的研究發展。

適合工作：軍警職、公職、教職、大企業職員、技術類官員、食品業、餐飲業、服飾業、軍警職中軍需工作、公司負責人、文化業、出版業、高科技專業人才、電腦業、建築業、水電工程業、學者專家等職。

祿存星：當還移宮中有祿存星時，你外面的環境是財多富裕的，但是你很孤獨，必須獨自工作去賺這份錢。外界的環境雖然財多，但人緣關係並不好，賺起錢來不容易，工作上也有稍許困難，但你仍然能克服，只是增加了辛勞度而已。若有化忌、劫空與祿存相照遷移宮，為『祿逢沖破』，會形成財少或無財貧困的狀況。

適合工作：公職、教職、工職、業務人員。但不會做生意。

文昌星：當遷移宮中有文昌星時，你外在的環境是充滿文藝書卷氣質的狀況。你比較容易從事文職、文化性的行業，但如做秘書、寫作、編輯、美術設計等類的行業。你生活的環境中也是高尚、文雅、知識性高、聰明、計算性很強、很精明的環境。當文昌星居陷位時，變得不夠精明，知識性弱、沒有氣質，文字常有錯誤的問題。

◎有化忌星與文昌同在遷移宮中時，你會因文字、契約、構思的錯誤頻惹是非、官非，要十分小心才是。

◎當文昌星與破軍同在遷移宮時，你在外面的環境是有名無利的狀況，也主窮困。且有水厄。適合做軍警職、文化出版界、廣告界、傳播界、公職、薪水階級。

文曲星：當遷移宮中有文曲星時，你外在的環境是口才很好、快樂的、喜歡藝術性、音樂性、舞蹈性、人緣關係加強、財運順利的環境。工作時更能展現你的聰明才智。但是當文曲星在寅、午、戌宮居陷落時，情況則相反了，會變成口才不佳、人緣不好，也缺乏藝術性和韻律感了。

◎有化忌與文曲星同在遷移宮宮時，表現口才、才藝只會招來是非、官非，把自己陷於不利的情況。當文曲星與破軍星同在遷移宮時，會貧困且有水厄。就算雙星皆在旺宮，也會以彈唱巧藝維生糊口而已。

左輔星：當遷移宮中有左輔星時，你在外面的環境中有不少的貴人，這些貴人都是平輩朋友、兄弟之流的人。在你工作的環境裡是顯性的幫忙。因此你可以發展很大的事業。這種命格在很多人企業的老闆身上會看到。

◎左輔星出現在遷移宮時，是不利於求學階段或是考試求職的。都會有重考、考了兩三次的情況。

◎當左輔與羊陀、火鈴、劫空這些煞星之一同在於遷移宮時，會助惡，或得不到好的幫助，或是來幫忙的人，卻帶來是非困擾，十分麻煩。

適合工作：軍警職、生意人、工廠等。

右弼星：當遷移宮中有右弼星時，你在外面的環境中有不少的女姓貴人。這些貴人也多半是平輩的女性朋友、姐妹等等。在你工作的環境中很多都是暗地裡給你幫助的人。你若要創業、千萬別忘了利用女性朋友和姐妹淘的關係，會一舉成功。

◎當右弼出現在遷移宮時，你幼年求學階段不是很順利，會有輟學、重考的問題。長大後在求職的階段參加考試會有考兩、三次才考上的紀錄。在自做營生之後，而有數次重新開始的局面。

◎當右弼與羊陀、火鈴、劫空這些煞星之一同在遷移宮時會助惡，。得不到幫助，或來幫忙的人，同時也帶來更多的是非麻煩，困擾更多。

適合工作：做公職、做生意。

天魁星：當遷移宮中有天魁星時，這是長輩貴人星。在升官、升職、求學寫介紹信時都用得到，這些貴人很有威嚴和份量，且替你設想周到，他們是剛直，且說一不二，非常講信用的人，你所受到的幫助是非常實際、很受用的情況。

◎當有羊陀、火鈴、空劫與天魁同在遷移宮時，貴人運變得無用了。

適合工作：做公職、文職、學術界、文化界、記者等。

天鉞星：當遷移宮中有天鉞星時，你在外的環境是人緣佳、討喜，貴人運為長輩貴人。他們會暗中給你幫忙，常在你升官、升職、考試、寫介紹信時會出現，但不一定能掌握，故不一定會成功。

◎當有羊陀、火鈴、劫空與天機同在遷移宮時，非常可惜，可以說根本沒有貴人運了。

適合工作：做公職、軍警職、文化界、演藝人員、出版、寫作、藝術界。

擎羊星：當遷移宮中有擎羊星時，你外在的環境是刑剋凶狠的環境，或對你的精神上構成威脅，讓你頭痛，因此你比較喜歡待在家中，不喜歡外出。在性格上也會形成你內向、多想、精神衰弱的個性。你必須使自己堅強起來面對的環境，因此在外觀上的你，看起來又是剛強果決，既權威又有機謀的人。外面環境中的傷災也是對你造成很大的威脅。

適合工作：軍警職、外科醫生、婦產科醫生、獸醫、法官、監獄執法人員、保安人員、屠宰業、兵工廠、做刀劍生意、鋼鐵生意、鐵工廠、截斷性事業、水電工程、暴破工程等。

陀羅星：當遷移宮中有陀羅星時，你在外面的環境是凶狠、破敗、拖拖拉拉不順利，意外傷害很多、是非也很多的環境。你若有這樣的環境最好早些離家發展，較會有前途。當陀羅居陷時，傷災和麻煩會讓你無法收拾。你在與家人、配偶的相處上容易被嫌東嫌西的，相處不和樂。聚少離多，到外地工作，可減少自己長期精神鬱悶的狀況。

適合工作：軍警職、市場買賣業、保險業、仲介業、運輸業、計程車業、貨櫃業、車船修理業、屠宰業、電器業、水電工程業、金屬、鋼鐵製造販賣業等。

火　星：當遷移宮中有火星時，你外在的環境是快速變化，性急火爆的場面，也容易遇到火災，或與火有關的事物。一生是成敗多端，突起突落的形態。也容易遇災、患疾、是非爭鬥的問題不斷。

◎當火星在遷移宮時，若對宮有貪狼星，也就是貪狼坐命的人，可形成『火貪格』暴發運、偏財運。此時火星之惡才能方得解除。有『火貪格』的人，可以暴發財富，成為一巨富，但也要小心暴起暴落的運程。

適合工作：軍警職、與火有關係的行業，如煉鋼廠、玻璃製造廠、火力發電廠、電燈、電器製造廠、石油公司、化學及易燃的產品製造廠、油類製造廠、酒廠、熱飲食品、打火機製造廠、瓦斯行、賭場、百貨公司、機械製造廠、炮燭廠、製香工廠、光線照明設計等。

鈴　星：當遷移宮中有鈴星時，你外在的環境是快速、大膽、人緣不佳，有些孤僻，必須用急智去克服的環境。這個環境裡常造成傷災很多，血光或燙傷、發炎、發燒的情況嚴重。這個環境裡也常出現心胸狹窄、會排擠人的狀況。所幸你也是果斷、反應快、伶俐有機智的人，但還是能應付的。

一生成敗起伏不定。也容易有傷災、患疾、官非爭鬥的問題不斷的產生。

◎當鈴星在遷移宮時，若對宮有貪狼星、也就是貪狼坐命的人，可形成『鈴貪格』，會形成暴發運和偏財運，也可暴發財富，成為一富翁。只有貪狼可制化鈴星之惡，成為有用。

適合工作：軍警職、與熱力有關的行業如洗衣店、發電廠、石油公司、油類製造、餐飲店、油炸食物製造、理髮美容院、歌舞表演的演唱會、賭場、蒸煮行業、便當製造廠、自助餐店等。

地劫星：當遷移宮中有地劫星等，你外面的環境中充滿了變數，每當有好事上門時便被劫走了。因此一生勞碌是一場空。是非、麻煩、官非、爭鬥之事總不斷，又常有血光之災跟隨其後，真是防不勝防。你在外面的環境裡人緣也不佳，更增加了工作上賺錢上的困難。尤其是身宮又在遷移宮的人更是如此。你只有認清事實，隨遇而安，才不會有更多的不順和傷災。

適合工作：軍警職、黑道人物、宗教性機構、僧人、或做有名無財的科學家、作家、詩人等。

天空星：當遷移宮中有天空星時，你外面的環境很純淨，事實上都影響不到你，就算遇到是非麻煩的問題，常會自然的消失了。但是也會常常在已知要進財的日子裡碰到財運無疾而終的情形，而造成萬事成空的狀況。由其流年、流月逢天空運，無財可進，傷災刑剋常到運限，一切不順利，須要小心。

◎當還移宮中有天空星，其人命宮有『羊陀夾忌』的格局時，命裡逢宮，半天折翅會遇災身亡，是早夭的命格。

適合工作：不重視錢財的學者、藝術家、作家、詩人等職。

化祿星：

當還移宮中有化祿星時，你外在的環境中人緣很好，行事順利，且有無限財利在等待著你去發覺賺取，是一種好運取之不竭的狀況。若再遇祿存星在還移宮，會形成『雙祿拱命』，為一富格，金玉滿堂。

化祿星與所跟隨的主星不同，而有實際上財祿的等級，例如武曲、太陰財星居旺化祿，財祿無可限量，極富也。太陽化祿主因貴得富，財富的部份不及財星化祿者多。天同化祿為福星化祿。是靠祖上餘蔭而得的財祿。巨門化祿是靠口才，必須勞碌奔波而得的財祿。貪狼化祿是擁有人緣而得之財祿。只有廉貞化祿、天機化祿、天梁化祿、破軍化祿在實際擁有財祿上並沒有很強的運道，而是靠為他人服務而得財。

適合工作：軍警職、公職、教職、公職為官、金融機構、銀行、股票、期貨操作、大企業老闆、公司負責人、珠寶業、貴金屬買賣、流通性高的行業、百貨業、物流業、運轉快的行業、易變化性質的行業、奔波漂流型的行業、連續運動型式的行業等等。

紫微幫你找工作

化權星：當遷移宮中有化權星時，你外在的環境是讓你很有尊嚴、非常強勢力量的一種環境。若再有化祿星同在遷移宮，則會形成有人緣及外緣的幫助，而更強勢有力，使權星膨脹兩倍。

若有祿存與化權星同在遷移宮時，強勢的狀況依舊，但有些孤僻、嚴肅，在人緣、外緣上沒有幫助，只是在財利上會因權星助財而已。

化權星也不是每一種都會有強勢姿態的，也會因跟隨主星的不同而有等級的不一樣。例如：天同化權有助於個人開創的能力，能夠奮發，而事業成功。也能在溫和平順中，不必激烈爭鬥而得到主控權。而太陰化權是對錢財的處理與感情問題的處理方面較為理智和手段高明。天機化權只在於擁有謀略、會領導以及交際策劃的能力較強，這是屬於辦事能力方面的問題。

◎比較強勢的化權主星有：紫微化權、太陽化權、武曲化權、貪狼化權、破軍化權、天梁化權、巨門化權等。

化科星：當遷移宮中有化科星時，你的外在環境是順利、祥和、文雅、擁有高品質的生活與工作環境。這個環境充滿著聰明、流暢、辦事效率高、文化品質高的特質。化科星跟隨所有的主星都會形成文藝修養及才華上的肯定，利於考試、升官、有文名、辦事能力、分析能力皆高的境遇。化科星利於文職發展，適合公職、教職、學者、作家、出版業、文化業、藝術行業、設計、企劃、傳播、廣告等等。

化忌星：當此星在遷移宮時，在外面的環境是混亂、是非不斷，一生不順，而且容易奔波勞碌，易惹傷災、血光、疾病、夭亡。尤其有羊陀相夾時為『羊陀夾忌』之格局，流年、流月逢到有性命之憂。當化忌星在遷移宮時，只有在『亥』宮逢太陰化忌時為『變景』，稱為化忌不忌，反倒可幫助天機陷落坐命『巳』宮的人有衝破難關，奮鬥向上的意志力。但有『羊陀夾忌』格局時，也一樣會遭災。

第三章 從事業運裡看你適合的行業（從官祿宮看適合的行業）

通常我們看自己的事業運，找適合的工作，當然首重官祿宮。官祿宮不但會透露適合的行業，也會告訴我們該努力的目標與方向。並且會讓我們瞭解將來所能預知的成就，與所努力達成的社會地位的高低。

官祿宮的應用不僅限於觀看職業，也可看出我們人生的脈動，是動是靜？是奮發有為？還是懶惰不實在。是辛勤操勞？還是順利平實的？是主貴？還是主富。是富有？還是有名無利。將來可否成為社會名流、賢達之士？還是平庸無名過一生。

本來在人生運程上，『命、財、官』是三位一體相互影響的關鑑。而事業官祿又是生財養命的本源，因此官祿宮的重要性，實不亞於人生中所據有財祿的重要性了。

紫微幫你找工作

通常官祿宮中有『穩定』的星曜時，如紫微、天相、天同、天府、天梁時都較適合作息正常，有固定收入的職業、例如做公務員、教師、薪水階級等職。

當官祿宮中有『善變浮動』的星曜等，如天機星、巨門星。事業常有變動，或必須從事變化快、轉動快速的行業較好。事業也常會起伏不定，如天機陷落在事業宮的人，事業會呈一段一段的狀況，不能長久。

當官祿宮中有比較『凶的星曜』時，如七殺、破軍、貪狼、擎羊等。你也是比較勞碌辛苦去工作的人。必須不斷的付出勞力、心力。這種付出，並不是有人逼迫你去做的，而是天性使然，是你自己的個性選擇了如此的工作方式去生財。而且樂在其中。

當官祿宮中有『太陽、太陰』這兩顆星時，你會像日月如梭般的辛勤勞碌的工作，並且也會像日月一樣的規律化。日出而作、日落而息，因此你也會選擇公職或大公司上班的薪水階級為生活模式。

當官祿宮有『財星』時，你比較會選擇與金錢有關的行業，而不會選擇名重利輕、清高的行業。當官祿宮有『官星』時，你也不會只顧賺錢，而忘卻了登入仕途之路。

因此官祿宮實際代表了你心中想要自己成為什麼樣的人的一面鏡子。很多人從沒有停下匆忙的腳步來想過這個問題。現在我來幫你打開這面鏡子，讓你確實看清楚：自己的將來到底是可能成為高官顯貴呢？還是富可敵國的富翁呢？

官祿宮中的星曜所代表的意義與行業

當官祿宮中有下列星曜時所代表的意義

紫微星：當官祿宮中有紫微星時，你是事業運很好的人，你工作的環境是高高在上具有領導地位的機構，你也會在此機構中擔任負責人，主導整個機構的事物與運作。同時你也是具有高學歷、高等知識的文化人。你的工作極穩定而受到尊敬。當官祿宮有紫微星時，你是武相坐命的人，一生事業順利、名利雙收、地位高超。

◎當紫微星與昌曲、左右、魁鉞同在官祿宮時，你會做文職、教職、研究類的工作，並且有貴人相助。官運、財運節節高升。

◎當紫微星與擎羊、火星、鈴星同宮在官祿宮時，對你的工作與職位會有一些傷害，你工作的場所或內容會讓你有些頭痛、升職和進財會有一點不順利的狀況，但不算嚴重。若單有火星、鈴星，還會有一些暴發運。

紫微幫你找工作

適合工作：公職為官、教職、學者專家、教育界、企業老闆、軍警職為官、法官、醫院院長等職。

紫府同宮：當官祿宮中有紫微、天府雙星同宮時，你的事業是地位高又賺錢多的行業。你在工作中具有領導地位，並掌握實權。當官祿宮有紫府時，你是武曲坐命的人。財星坐命的人通常會選擇與金錢有關的行業，你會做生意，賺錢非常多的。你若是武曲化權的人，也可能會選擇軍警職，一生官高權大，最後你還是一個富有的人。

◎當紫府與昌曲、左右、魁鉞同在官祿宮時，你會做與文化、出版、藝術有關的行業，並以此多得財利。

有紫府在官祿宮的人，你們具有『武貪格』暴發運，不但會發在事業上，並且會因此多得錢財，成為一富翁。

◎當紫府與陀羅、火鈴同在官祿宮時，工作上會產生一些讓你頭痛、不順的事。

適合工作：軍警職、從商、文化界、出版界、金融界、銀行、股票期貨顧問公司、五金類生意、鋼鐵、機械類生意、成衣類生意、貿易公司、進出口公司、百貨公司、民生用品買賣等等。

紫微幫你找工作

紫相同宮：當官祿宮中有紫微、天相雙星同宮時，你的工作是收入好、地位高、工作環境是平穩高尚的機構。你在此機構中也是會居領導人、負責人的地位。當官祿宮是紫相時，你是武府坐命的人。你從出生就是一個富人，也始終生長在富裕的環境，更會運用智慧去精心策劃賺錢的事，你比別人更精明，容易嗅到商機，因此事業可以蒸蒸日上。

◎當昌曲、左右、魁鉞與紫相同在官祿宮時，你會做文化事業的生意，並有貴人相助生財。

◎當紫相與擎羊、陀羅、火星、鈴星同在官祿宮時，你只會做公務員或薪水階級的人了。事業上會有些困擾。並且也會影響到夫妻間的感情。

適合工作：軍警職、公務員、生意人、金融機構主管、銀行主管、企業負責人、房地產生意、金融商品買賣、運輸公司老闆、百貨公司老闆、貿易進出口公司老闆、出版社老闆、書店老闆等職。

紫貪同宮：當官祿宮中有紫微、貪狼雙星同宮時，你的工作是地位高、人緣好、好運不斷的境況。通常在你的工作中都會出現一些冒險性、戲化的情況發生，讓人嘆為觀止！當官祿宮有紫貪時，你是武破坐命的人。大膽、不怕死、勇於冒險犯難是你專有的特質，因此做軍警職最好了，可以有武職崢嶸的表現。

◎當昌曲等六吉星與紫貪在官祿宮時，會升官升得快，並且其人精通升官之道。

◎當羊陀與紫貪同在官祿宮時，你是有特殊技能與才藝的人，但要小心意外傷災、死亡。因命、財、管三合局形成『廉殺羊』的結果。

◎當火星、鈴星與紫貪同宮在官祿宮時，會形成『紫火貪』、『紫鈴貪』格，會暴發旺運、偏財運。在事業上會有異軍突起的機會，擁有極大的名和利。

適合工作：軍警職、官職、保安人員、政治人物、房地產買賣、特務、記者、保險業、仲介業等。

紫破同宮：當官祿宮中有紫微、破軍同宮時，你的工作是必須辛苦去打拚，才能得到高職位的工作。工作的環境有些混亂，常會出現破耗、血光、或零亂不堪的情形。你是武殺坐命的人。一生操勞、奔波不能停止。你們是刻苦耐勞又耐磨的人，通常你們都會做軍警職，這很符合你們乾脆的個性。你們終將會苦盡甘來得到較高的職位。

◎有昌曲和紫破同在官祿宮時，你會成為有名卻貧困的人才。一生勞碌，默默以終。

◎有羊陀與紫破同在官祿宮時，事業運程不順，並且會因事業帶來傷災、災禍而垮台。有火鈴與紫破同宮時，有暴起暴落，急速升降的境遇，傷災、官非隨之而至。

適合工作：軍警、武職為官、電器類工廠、加工廠、刀劍類工廠、兵工廠、鋼鐵工廠、截斷型事業、法院警衛、獄政官員、保全人員、運輸業、貨櫃業、沙石業、道路舖設工程、建築工地主任、工廠監工等。

紫殺同宮：當官祿宮中有紫微、七殺同宮時，你是勤奮於工作的人，你們有刻苦耐勞、白手起家的本領，無論什麼事不做到最好是絕不罷休的，因此事業都會有很好的表現，具有名譽和地位。當官祿宮為紫殺時，你是廉破坐命的人。你們一生辛勞，更會橫發橫破。你們個性堅強深沈、會繼續努力、尋求下一個爆發點。你們適合做武職。

◎有昌曲等六吉星和紫殺同在官祿宮時，你會在接近文藝圈、文化界、傳播界中打拚。

◎有陀羅、火鈴與紫殺同宮在官祿宮中時，你的工作很火爆，易有傷災、也可能混跡黑道做老大，不行正道。

紫微幫你找工作

適合工作：軍警職武職為官、文藝界、傳播界、廣告界、公職、保安人員、調查局探員、查稅員、運輸業、貨櫃業、沙石業、建築工地主任、工廠監工等。

天機星：當官祿宮中有天機星時，你的事業有呈現浮動的現象。你的工作內容主要是以運用頭腦智慧、變化快速的職位與工作環境為主。例如做記者、船員、到處奔波的專家學者、流浪的藝術家等職。你們的工作很辛苦，但是太穩定的工作你又做不長，感覺枯燥無味而放棄。同時你們也是急於增廣知識，喜歡新事物、追求更美好的明天的人。

凡天機星在官祿宮的人，都是『機月同梁』格，是薪水階級的人，你們也有必須為人服務，才有發展，不能經商，否則必有敗局。

◎有天機星坐在『子』宮或『午』宮時，你是同梁坐命的人。你們喜歡東奔西跑、閒不下來，喜歡照顧別人，在家中多生是非。因此你們做服務業、餐飲業、旅館業、酒店生意最好了。就是做軍警職也會做軍需伙食的職務。

◎當官祿宮中有天機星在『丑』、『未』宮時，你是天同坐命的人。天機在陷落的位置，你在工作上沒有什麼好的機會。天同坐命『卯』宮的人，家業豐盛，靠父母餘蔭很好過日子。天同坐命『酉』宮的人，沒有家業，但也不改懶惰的習性，成為無業遊民。

◎當官祿宮中有天機星在『巳』、『亥』宮時，你是同巨坐命的人，天機此時也是陷落的，工作環境與機會都不好，再加上你也沒有事業心，和努力打拚的毅力，因此你只是偶而做些臨時性的工作罷了。

適合工作：文職、公職、教職、記者、傳播業、藝術家、船員、船長、進出口貿易工作、報關行、貨運、船運工作、專家、學者、餐飲業、旅館業、酒店、卡拉ＯＫ、軍警職、快遞工作、郵差、運輸系統駕駛、臨時性工作、無業賦閒。

機陰同宮：當官祿宮中有天機、太陰雙星同宮時，你工作的環境是變動性迅速，屬於奔波勞碌型的工作。但是工作的內容以文職、或運用頭腦、思考性的工作為主。你們是屬於『機月同梁』格的基本型態，故做公職和固定的上班族必是你們的抉擇。而且你是天同坐命『辰』宮或『戌』宮的人。

◎當官祿宮中的機陰與昌曲同宮時，你會做文藝、文化、出版、演藝、人際關係方面的工作。尤其機陰在『寅』宮的人，有特殊優異的表現，事業會成功。

◎當機陰與陀羅、火、鈴、劫空同在官祿宮時，你工作的場所與內容不佳，傷災連連，賺錢辛苦，常有劫財、耗財或一場空的狀況發生。

適合的行業：軍警職、記者、傳播業、廣告業、船員、文藝界、文化界、出版業、演藝工作、藝術行業、巡迴演出之歌舞劇團、報關行、快遞工作、郵差、運輸系統駕駛等職。

機梁同宮：當官祿宮中有天機、天梁同宮時，你的工作是必須運用智慧精心籌謀的工作。你是『機月同梁』格的人，這種格局最好是做官，或做政府首長的機要秘書，因為你是一個軍師型的要角，故而前途無量。當官祿宮中有機梁時，你是同陰坐命的人。

◎當官祿宮中的機梁雙星在『辰』宮或『戌』宮時，你是同陰坐命『子』宮的人，在你們的命格中『日月居旺』，故官運亨通。你們會是官資清顯的貴格。此外做中醫師，婦產科醫師也都能名聲四揚。

◎當官祿宮中的機梁雙星在『戌』宮時，你是同陰坐命『午』宮的人，因為你有『日月反背』的格局，會先勤後惰，除非有擎羊這顆煞星同在命宮所在的『午』宮，較有激勵作用，形成『馬頭帶箭』格，從軍警職，能威名遠震。否則只是一普通的小公務員而已。

◎有機梁在官祿宮的人，皆有『武貪格』暴發運，能幫助你們在事業上有突起造勢之力量，也能多生錢財。

◎當機梁在官祿宮中有羊陀、火鈴、劫空同宮時，你們常會因聰明被人嫉妒，在工作中有不順的情形，或是因自做聰明而敗事。也會因長期營謀而終將功虧一簣，而有很多的敗局，在事業上不順利，或根本投向賭博，邪佞之事去了。

適合工作：軍警職、官職、機關首長機要秘書、教職、學者、專家、中醫師、中藥房、婦產科醫師、特殊科技專才、出版界、文化界、藝術工作、醫學研究工作、法官、監察人員等職。

機巨同宮：當官祿宮中有天機、巨門雙星時，你的工作多半是與學術研究和發展設計的學問有關。你們在工作上有科學探討的精神，研究心強，喜歡發掘問題，探討問題的癥結。

當機巨在官祿宮時，你是天同坐命『巳』宮或『亥』宮的人。因為你們的命格中天梁貴人星是陷落的，沒有貴人的幫助，故而你們只好白手起家，一切靠自己打拚事業了。

◎當機巨在官祿宮，有昌曲同宮時，容易從事文藝方面的研究、工作場所是文化氣質高的地方，也可能成為傳播界的名人。當機巨與化祿同在官祿宮中時，你可以做老師、或公共教育類、顧問公司之類。你的工作環境是人緣較好，進財較多，但以服務為宗旨的工作。

當機巨與化權同在官祿宮時，你是說話有份量，研究心更強的人，適合學術研究、教學、科技開發工作。你在業界裡會非常有地位。

當機巨與化科在官祿宮時，你是辦事能力強，很聰明機巧的人。當機巨與化忌同在官祿宮時，你工作的環境是非很多，你的研究心常發揮在錯誤的方向，引起是非爭論和禍災。當機巨與羊陀、火鈴、劫空同在官祿宮時，你的工作不穩定，常遇災禍，事業也可能中斷，職位也不高，只能做一普普通通的公務員。

適合工作：公職、教職、學術研究、高科技研究、藝術類研究工作、文學家、補習班老師、顧問、科技開發工作、電腦技術人員、醫學研究、大企業職員、小公務員等。

太陽星：

當官祿宮中有太陽星時，你的工作非常忙碌。當太陽居旺時，你的事業運較好，在工作的競爭上與在男人的社會團體中競爭力較強。太陽在『戌』、『子』『亥』宮的人，則反之。事業運中會有一段晦暗時期，在男人團體中競爭力差、及貴而不顯的情況，光彩盡失。

有太陽星在官祿宮的人，多屬『陽梁昌祿』格，參加公職考試，或在增加學歷方面都有優勢，主貴，宜公職。

◎當官祿宮中的太陽星和羊陀、火鈴同宮時，你的事業會受到傷害，產生問題，或多惹是非、官非、爭鬥不完。由其太陽落陷時更甚。流年、流月逢到官祿宮中有太陽、擎羊、陀羅時，要小心因事業上的困難或災禍無法解決，而有自殺之虞。

適合工作：軍警職、公職為官、民意代表、政治人物、學術機構負責人、大企業管理階級、公司負責人、醫學界、科技界、教師、房地產界、電力公司、電器業、燈具業、發電廠、石油公司、百貨業、加工廠、工職等等。

日月同宮：當官祿宮中有太陽、太陰時，你很操勞忙碌，身心都不得安寧。工作的內容與環境都是變化多端，須要好好應付，才能順利執行。你是空宮坐命在『卯』宮或『酉』宮的人，有機巨相照。

◎當日月在官祿宮有昌曲同宮時，你是會在文化界、藝術界打拚的人，以日月在『丑』宮的人財利較好，日月在『未』宮的人職位與名譽較高。

◎當日月與羊陀、火鈴同在官祿宮時，你的事業不會很順利，常讓你頭痛心煩，工作上的競爭激烈，小人特多，防不勝防。

適合工作：公職、教職、軍警職、學術研究、出版業、文化業、傳播業、工程業、藝術類、演藝人員、巡迴表演的工作、醫學界、護士、電腦修理、操作員、科技公司工作、加工區工人、宵小等。

陽梁同宮：當官祿宮中有太陽、天梁等，你是太陰坐命『巳』宮或『亥』宮的人。你的事業運就是坐在『陽梁昌祿』格的正格上，因此你在讀書、考試上會有很好的表現。你的本命又受『機月同梁』的牽制，因此參加公職特考，做公務員走官途。在事業上有貴人運的幫助飛黃騰達不是難事。

◎當陽梁與昌曲同在官祿宮時，對『陽梁昌祿』格有促發趨勢，而且其人在學業和事業上的精明度很高，多在學術機構，文化機構任職。只要沒有化忌同宮，一切祥和順利。

◎當陽梁與擎羊、火星、鈴星同在官祿宮時，事業會產生不順利的現象，影響官職前途。所做的事業也會帶有不正當的色彩。

適合工作：軍警職、公職、學術機構、教師、出版業、文化業、傳播業、藝術類、演藝人員、醫生、護士、房地產業、銀行、金融機構、大企業的會計出納人員、戶政、地政機關公務員、郵局職員、稅務機關職員等等。

陽巨同宮：當官祿宮中有太陽、巨門時，你有開朗的性格，機智的辯才，是靠口才吃飯的人。你們很適合發展人際關係的職業，如保險業、仲介業、公關業、房地產銷售等等。你們在運程裡也有『武貪格』暴發運，會給你們帶來好的機會，與發財之路。

◎當陽巨與昌曲同在官祿宮時，居『寅』宮時，可做與文化、教育有關的工作如補習班老師、學校教官、保險業主管、公關主任等職。

◎當陽巨和陀羅、火鈴同在官祿宮時，只宜做軍警職、其他的職業不利，或有淪於黑道之流。

◎當陽巨和天刑同在官祿宮時，可做法官、律師等職。

適合工作：軍警職、教職、公關人員、保險業、仲介業、房地產銷售、汽車銷售、教官、補習班老師、大企業員工培訓的教授工作、展覽館解說員、推銷員、演說家、法官、工師、獄政人員等等。

武曲星：當官祿宮中有武曲星時，你不是做軍警職，就必然會從商做生意。有財星在官祿宮的人，做軍警職是財多官大，容易掌權的人。若更有化權同宮，是如虎添翼一般，財勢驚人。若做生意，也是大企業的負責人，財富鉅萬。

當官祿宮是武曲星時，你是廉相坐命的人，你做事保守精明，事業上豐厚的財利再加上七年一次的暴發運格，讓你富可敵國。

◎當武曲與昌曲同在官祿宮時，若在『辰』宮，你是文武全才的人，從文從武，事業上都有好運，財利大豐。若在『戌』宮，你會有政事顛倒，事業會因某些事情糊塗而遭逢不利，成就不如前者高。

◎當武曲與羊陀同在官祿宮時，『因財被劫』的關係，事業運不佳，暴發運也會成為破格，不發或發得小了。當武曲與火鈴同在官祿宮時，『因財被劫』與『武貪格』相互作用，會在暴發時繼而有災禍發生、是非、官非、血光嚴重的情形。若再有化忌同宮時，最好不發，否則有性命之憂。

適合工作：軍警職、將軍、從商、公務員、銀行、金融機構、貴金屬買賣、股票期貨操作、金融顧問公司、五金類生意、貿易進出口、服飾業、珠寶業、鋼鐵業、礦業、機械製造買賣、百貨業、法官、電料行、電器業等等。

武府同宮：當官祿宮中有武曲、天府雙星時，你是廉貞坐命的人。你的事業就是你的財庫，你必須不斷的努力操煩讓財庫滿載，你才能喘一口氣。因此你很重視自己的事業，絲毫不敢懈怠放鬆。若官祿宮中的武府再有武曲化祿或武曲化權，你在工作上的成就會更高，財富億萬。

◎當武府與昌曲同在官祿宮時，在『子』宮時，你是文武全才，不論做文職武職都可多得財富。若在『午』宮、昌曲居陷、你是個公務員或做工職、技術為主的技術人員。

◎當武府與擎羊、火鈴同在官祿宮時，『因財被劫』，你只是一個普通公務員，或大企業中的小職員。

適合工作：軍警職、公務員、建築工程師、科技類工作、特殊技術人才、工職、官職、水電工程人員、評論家等等。

武貪同宮：當官祿宮中有武曲、貪狼時，你的事業上就具有『武貪格』的暴發運，最適合做軍警職，可因戰功暴發而得掌權高官之位。當官祿宮為武貪時，你是廉破坐命的人，你們不但具有『武貪格』，還有『機月同梁』格，所以你們不是做軍警職，就是做公務員，或大企業中上班。以你們頑固的頭腦不會去做生意。因為風險太大了。

當武貪與羊陀同在官祿宮時為破格，必須從事有專門技術的工作，事業依然會有成就。若有火鈴同在官祿宮時，暴發運更強，事業上更能一舉成名。但要小心煞星太多存在於命宮三合地帶，相互照會，流年流月不好，會有喪命傷殘之災。

適合工作：軍警職、公務員、傳播業、銀行金融機構管理階級、廣告業、大企業中管理階級等。

武相同宮：當官祿宮中有武曲、天相同宮時，你工作的環境是在平穩祥和中就可以賺到優厚的薪資。你做事負責、兢兢業業、保守而固執，希望能做到最好。你是廉府坐命的人。若坐命在『戌』宮的人，你是有家財的人，自幼便生活環境富裕，若『陽梁昌祿』格完整，你會是個高學歷，有官格的人，主貴。一生平安順利。你們適合做公職，學者或做與衣食相關的行業。

適合工作：軍警職、政府官員、教職、學校職員、學術界、餐飲業、服飾業、房地產業、仲介業、保險業、汽車銷售、高價值物品的銷售、珠寶業、金融業、銀行工作、郵局、石油公司、大企業職員等職。

武殺同宮：當官祿宮中有武曲、七殺時，你工作的環境必須付出很大的體力和勞力，操勞辛苦才能賺到錢。因此你不是做軍警職，就會是做勞工階級的人。因為武殺在官祿宮是『因財被劫』的形式。此格局的人是廉貪坐命的人。

若是命、財、官三宮再加上遷移宮內煞星多，另有羊陀、火鈴、劫空等星，則會為人惡質，不務正業，與黑道有關。

適合工作：軍警職、黑道。（做生意做不起來）

武破同宮：當官祿宮中有武曲、破軍時，你的工作是辛苦而賺錢少的工作。你們是廉殺坐命的人。通常都有家產，因此你們會把精神放在自己認定的暨有目標上，而不在乎薪資的多寡問題。某些廉殺坐命的人，擁有完美的『陽梁昌祿』格，可以參加國家考試走官途，或更上一層樓。若有化祿、化權在官祿宮的人，可以地位顯達。

若有陀羅、火、鈴在官祿宮的人，工作環境惡質，會做黑道。

適合工作：軍警職最適合。法官、律師、辛苦奔波的業務員、獄政人員、法院法警、保安人員、調查局探員、稅務稽查人員、玻璃帷幕清洗工作，清潔公司、貨運公司、貨櫃業、兵工廠、煉鋼廠、鋼鐵工廠、造船廠等職。

天同星：當官祿宮中有天同星時，你肯定是『機月同梁』格的人，且必須從事公職或企業中固定上班的薪水階級。你們的工作環境都是穩定而變化不多的狀況，你也很少會換職業或改行。你喜歡朝九晚五的工作，因為如此你才會有安全感。

紫微幫你找工作

◎當天同為官祿宮在『卯』宮或『酉』時，你是巨門坐命的人，你們是有『陽梁昌祿』格，參加考試與升等、升職都有優勢，因為很順利，所以也不想走其他的路子了。

◎當天同為官祿宮在『辰』宮或『戌』宮時，你是天梁坐命的人，你們也是『陽梁昌祿』格的人，一生有考試和讀書運，學歷高，又有貴人提拔，做公務員走官途是順理成章之事。

◎當天同為官祿宮在『巳』宮或『亥』宮時，你是空宮坐命，有日月相照命宮。若文昌和祿星的位置好，可以形成『陽梁昌祿』格的人，會走官途，可做高級公務員。否則只能做一個普通薪水階級的人。工作內容會和藝術、音樂、繪畫、設計或科技及工程類設計工作有關。

◎若官祿宮中有羊陀、火鈴進入的人，工作不順利，操勞過度。某些人且與黑道有關。若有天空、地劫在官祿宮中，升職常成虛空。且有半途停止工作的情況。

適合工作：軍警職、公務員、政府官員、大企業職員、教職、教授音樂、繪畫的老師、工程設計員、電腦設計員、高科技設計製圖員、民意代表、議員、法官、法院工作、郵局、政府機構顧員、文書職員等等。

同陰同宮：當官祿宮中有天同、太陰雙星時，你是『機月同梁』的人，必須做公職或固定的上班族。你工作的環境是平和溫柔，女人較多的環境，因此你做文職類的工作較為有利。例如學術研究、醫學界、醫院工作等。當同陰居『子』宮時，太陰居旺，你的事業順利，和女性同事相處愉快，賺錢也較多。當同陰居『午』宮時，太陰陷落，你和女同事相處不融洽，辛苦也賺錢少。若有擎羊星在此宮位的人，最好做軍警職，會有異軍突起的收獲。否則你只能做一名薪水階級的小公務員了。有同陰在官祿宮的人，你們都是有『武貪格』暴發運的人，好好利用，可升官發財。

適合工作：軍警職、公職為官、公務員、醫生、醫學研究、秘書、文書人員、中醫師、婦產科醫師、護士、中藥房、藝術研究、國畫家、金融機構、銀行職員、郵局職員、戶政、地政事務所職員、大企業員等等。

同巨同宮：當官祿宮中有天同、巨門雙星時，你是空宮坐命在『卯』、『酉』宮的人，對宮有陽梁相照。你工作的環境是非很多，讓你辛勞不斷，因此你常覺得厭煩而不想做了。久而久之平淡過一生。

有羊陀、火鈴、劫空在官祿宮的人，事業運不佳，波折多、且有從事宵小盜竊之惡事。

適合工作：軍警職、臨時性的工職、黑道、宵小。

同梁同宮：當官祿宮中有天同、天梁雙星時，你是太陰坐命的人。你的人緣好，由其有女人緣，性格溫柔體貼、適合做服務業。同時你們又是『機月同梁』格的人，必會做固定薪資的上班族。當同梁在『寅』宮時，你是勤勞而賺錢多的人。當同梁居『申』宮時，你會先勤後懶，賺錢也少了。若有昌曲、左右、魁鉞及桃花星在官祿宮的人，你會做演藝人員，有固定的表演場所，或專屬的公司，像一個上班族一樣。若有羊陀、火鈴在官祿宮時，事業中的波折多，是非多，也影響人緣關係，工作不順利宵斷斷續續的現象。

適合工作：軍警職、公職、服務業、餐飲業、旅館業、百貨業、演藝人員、歌廳、舞廳、美容院、酒店、房地產、仲介業、保險業、銀行、郵局、交通運輸系統職員等等。

廉貞星：當官祿宮中有廉貞星時，你的工作是必須運用智慧精心策劃，用腦力操勞的工作。若做軍警武職可能會少操勞一點。若做文職，則必須操勞才會有成就。

當官祿宮有廉貞星時，你是紫相坐命的人。你天生就是個勞碌命的人，有特殊技能的技術性人才，因此你的事業會蒸蒸日上。你的工作環境裡競爭性很強，形成強烈的挑戰，因此你不得不多用智慧型的思考模式去征服挑戰。

◎若有陀羅、火鈴、化忌在官祿宮中與廉貞同宮，事業會起伏不定、成敗多端，是非、官非爭鬥不斷，也可能涉及黑道事物。

適合工作：軍警職、公務員、科技人員、電腦界、工程人員、官職、民意代表、工會代表、工職人員、企管人員、銀行、金融機構管理階級、大企業管理階級、公司負責人等等。

廉府同宮：當官祿宮中有廉貞、天府雙星時，你是紫微坐命的人。你們有『陽梁昌祿』格，也善於用心策劃及構思，因此在事業上可獲得豐盛的財利。你們工作的環境就是人緣順利，財富多的地方，只須用腦力去挖掘便取之不盡。不論你們做軍警人員或政界人物，都會位居要職，並與財利接近，是一生富足的命局。

◎若有羊陀在官祿宮時，會與對宮形成『廉殺羊』、『廉殺陀』的惡局，流年、流月逢到有血光、性命之憂，也影響事業的順利。有火鈴在官祿宮時，事業不順，成敗不定。

適合工作：軍警職、政界人物、公職、技術性官職、公司負責人、高科技人才、民意代表、房地產買賣、企管人才、銀行、金融機構主管、大企業主管等等。

紫微幫你找工作

廉相同宮：當官祿宮中有廉貞、天相雙星時，你是紫府坐命的人。你行事保守、穩當，注重事業，是職位高，收入極佳的人。你多半會從事與財務有關的工作。就算是做軍警職也會管理財務。普通你們做生意，事業也是一步步的發展，因此事業是在穩定中坐大的。若有羊陀、火鈴、劫空在官祿宮時，你必須做軍警武職較佳，否則事業會有不穩定的現象。

適合工作：軍警職、從商、五金類、貿易公司、銀行職員、金融機構主管、房地產買賣、銀樓生意、股票、期貨操作、公司負責人、百貨業、物流業、飾品業、金融產品操作等。

廉貪同宮：當官祿宮中有廉貞、貪狼雙星時，因廉貪俱在陷落之位，因此你是職位低、工作辛勞的藍領階級的人。

當官祿宮中有廉貪時，你是紫破坐命的人，你一生事業起伏大，做軍警職較會有成就。做文職不耐久，且無發展。通常你們不是做軍警職，就是投入工廠、工程中做建造與機械修理的工作，都是收入不錯的專門技術人才呢！

若有陀羅、劫空在官祿宮與廉貪同宮時，是邪門歪道的人，一生一事無成。

適合工作：軍警職、工職、營造廠、建築業、工程業、沙石業、鋼鐵業、煉鋼廠、電力公司、發電廠、船員、修理廠、機械維修人員、水電工程人員、貨運業、貨櫃業、船舶修理製造業、拆船業、港口搬運工等等。

廉殺同宮：當官祿宮中有廉貞、七殺同宮時，你是軍旅出身的人。做軍職對你最合適，其次是警界服務。

當官祿宮中有廉殺時，你是紫貪坐命的人。你精於做官之術，做事勇猛苦幹，但思慮不夠周全。先天的財運也不算好，極為操勞辛苦，因此做文職不耐久，且無財利可言，一生較鬱悶。

◎有羊陀在官祿宮的人，會形成『廉殺羊』、『廉殺陀』格局，會戰死沙場，或因公車禍傷亡。

有火鈴在官祿宮的人，事業上官非多，事業難以開展。

適合工作：軍職為官、警職為官、技術性官僚、工程技術人員、科技人才等等。

廉破同宮：當官祿宮中有廉貞、破軍同宮時，你是紫殺坐命的人。雖然你有壯志凌雲的架勢，喜歡做大事業。但是事業上常有起伏破敗的問題發生。再加上你們又有『武貪格』暴發運，暴起暴落的狀況如同坐雲霄飛車一般，非常驚險刺激。一生變化很大，事業呈現不穩定的狀態。若有昌曲在事業宮裡，會做有名無利的藝術家，一生不富裕。若有羊陀、火鈴在官祿宮，會不務正業，做黑道，官非不免。

適合工作：軍警職、藝術家、保安人員、特務、調查探員、徵信社、音樂家、舞蹈家、特殊技術人才等等。

巨 門 星：當官祿宮中有巨門星時，你的工作是靠口才運作的工作為佳，在工作的環境中是非、混亂的情況很多，常會讓你心煩。倘若巨門居旺位時，可利用口才化解。若巨門居陷位，則口才不佳，愈解釋愈糟，而且事業不順利。因此有巨門在官祿宮的人，最好做軍警武職，有規律化、紀律嚴明的生活較不會惹官非。

◎當巨門與羊陀、火鈴、劫空同在官祿宮時，是非、官非、災禍叢生也可能涉及黑道不行正業，事業一敗塗地。

適合工作：軍警職、公務員、解說員、服務業、餐飲業、旅館業、教師、補習班業、仲介業、房地產業、民意代表、演說家、傳道者、宗教人士、推銷員等。

天相星：當官祿宮中有天相星時，你的工作非常穩定。你是一個慢性子的人，做事一板一眼，講究過程清楚，做事負責。是一個工作態度很可靠的人。當官祿宮中有天相星時，不論在任何宮位，你都是天府坐命的人。你們講信用、善於儲蓄有穩定的工作帶來固定的收入，最後你們都成了富人。

◎有羊陀在官祿宮時，你的信用不佳，做事有瑕疵。有火鈴在官祿宮時，工作環境火爆，你的人緣欠佳，常受指責。若有劫空在官祿宮時，有信用不佳，事業常中斷之象。

適合工作：軍警職、公職、金融界、銀行行員、大企業職員、會計、出納人員、總務人員、教職、郵局、房地產業、仲介業、管理顧問公司、企管人才、管理經理階級、公司負責人等等。

天梁星：當官祿宮中有天梁星時，你們都是擁有『陽梁昌祿』格的人，有讀書考試運、也有貴人提拔的升官運，在事業上會有名聲響亮的發展。同時官祿宮中有天梁星時，你們也是『機月同梁』格的人，做公務員、固定的上班族也是你們必然的選擇。

◎當官祿宮中有昌曲、左輔、右弼、魁鉞等星時，你的官途順暢，學歷也會較高。

當官祿宮中有羊陀、火鈴、劫官時，職位平凡，只是普通的公務員身份。

適合工作：公職、高級公務員、教職、學術研究、藝術家、音樂家、舞蹈家、畫家、科技設計人才、電腦程式設計人員、金融機構、銀行行員、房地產公司等等。

七殺星：當官祿宮有七殺星時，你工作的環境與工作內容是動態性很強的工作，你會東奔西跑的做事。做事的方式很直接果斷，絲毫不喜歡拖泥帶水，因此你在打拚時，是不太會注意別人的感受的。當官祿宮有七殺時，你是貪狼坐命的人。你本命裡就帶有無限突發的好運，再加上圓融的性格與交際手腕，在事業上始終都會佔在強勢者的位置。

◎當七殺星與昌曲、左右等星同宮時，因七殺是煞星，並不會帶來好的文藝氣質或向文職發展的好處，相對的會減弱七殺『化煞為權』的權威性。當七殺在官祿宮時做文職是不利的，只利於軍警職，或競爭激烈的商職。

◎當七殺星與羊、陀、火、鈴同宮在官祿宮時，職業是官非爭鬥厲害的形式，且有傷災、禍災產生，像七殺在『辰』、『戌』宮時，還同對宮之夫妻宮的廉府雙星形成『廉殺羊』、『廉殺陀』的格局，有意外死亡的情形。

破軍星：

適合工作：軍警武職最佳。其次從商，做競爭激烈的行業。如房地產業、仲介業、貿易進出口生意、五金生意、貨運行、貨櫃場、百貨業、金屬器材買賣、股票、期貨操作、流通快速的行業、電子科技等行業等等。

當官祿宮中有破軍星時，你工作的場所很零亂，有堆積、破爛之物需要整理，或是異常雜亂需要釐清的工作。你的事業常常會處在須要重新開創打拚的境況。工作性質也是奔波勞累，事業也會有起伏很大，反覆不定，先破後成的特性。當官祿宮中有破軍星時，你是七殺坐命的人。

◎當官祿宮為破軍星坐在『子』宮或『午』宮時，你是七殺坐命在『寅』或『申』宮的人。你們的意志堅強，有貴格。若有化權星在官祿宮或命宮出現，你更是應該走軍警職，可做大將軍，功高蓋世。

◎當官祿宮為破軍坐在『寅』宮或『申』宮時，你是七殺坐命『辰』宮或『戌』宮的人，會擁有中等優裕的生活。你會做公職、上班族的職業。

◎當破軍為官祿宮坐在『辰』宮或『戌』宮時，你是七殺坐命在『子』宮或『午』宮的人。你的命宮和官祿宮都在旺位，個性堅強，須要白手起家，奮力而為。你適合做軍警武職及競爭性激烈的行業。

◎當破軍星與昌曲同在官祿宮時，你會勞碌而財少貧困。且有水厄，流年流月逢到，勿近水邊。

◎當破軍與羊陀火鈴同在官祿宮時，會做屠宰業，色情行業。此命格的女子會做娼妓。當破軍與火鈴同宮時，官非爭鬥嚴重，應是黑道中人。

適合工作：軍警職、官職、公務人員、大企業職員、運輸業、貿易業、貨櫃業、港口的工作、公共運輸系統人員、電子業、電器製造業、裝配工廠、拆船廠、貨物流通業、建築工地、水電工程、墓地整建、溝渠道路建造舖設、工職、工程機械操作、黑道。

祿存星：當官祿宮中有祿存星時，你的事業是有財利，但通常都是獨立作業的工作。異常辛苦勞碌，你通常會做一人公司的老闆或小生意。就算是做公務員或軍警職也是在某一個機構單獨打拚忙碌而沒有助手。

◎當祿存在官祿宮最喜對宮有化祿來相照會，形成雙祿格局。事業順利、財富更大，也喜歡對宮有化權相照幫襯，可增加事業成功的權威性。祿存最怕化忌、火、鈴同宮或相照來沖破，若有此格局的人，會有特殊技藝，但為孤寒之人。

適合工作：軍警職、公職、小公務員、一人公司老闆、單獨作業的人員：如一人駕駛的司機、飛行員、舵手、單獨工作的設計人員、個人工作室、小生意、攤販等。

文昌星：

當官祿宮有文昌星時，文昌居旺時，你工作的環境與文職、文藝有關。你善於計畫與謀略，態度精明、辦事能力很強，在事業上有很好發揮的空間。升官、升等、考試都有不錯的成績、較為順利。就算做軍警職也會做文職的工作。當文昌在寅、午、戌宮為居陷時，你工作的場所與工作內容都缺乏上述的優點，常會因為不夠精明有計算錯誤、辦事不利的事情發生，若再有化忌同宮，其災禍更甚。

◎當官祿宮有文昌星，對宮有破軍星出現時，事業是有名無利的狀況，一生窮困，只為一寒士。且有水厄之災。

◎當官祿宮有文昌星，再有羊陀、火鈴相照或同宮時，事業多起伏不定。若文昌居陷位，對宮或四方三合處照會廉貞、擎羊、火鈴的人，會從事色情、黑道行業為賤格。此命的女子為娼妓之命。

適合工作：軍警職、公職、公職為官、金融、銀行界、會計人員、出版業、文化業、藝術界、教育界、作家、畫家、秘書、事務人員、公司老闆、文具店、演藝人員、醫生、補習班、賤業。

文曲星：當官祿宮後有文曲星時，你喜歡在熱鬧的環境，運用人緣關係在工作。你的口才好，有特殊才藝，在工作環境裡你可以好好發揮及展現。升官迅速，財運豐滿，喜氣洋洋。當文曲星在寅、午、戌宮居陷時，上述優點全不見了。你的口才不好，常惹是非，你的財運、工作運、人緣上全不好。若有化忌同宮時，情況更嚴重。

◎當官祿宮有文曲星，對宮又有破軍星相照時，為一有特殊技藝的人，為寒士之命。且有水厄。

◎當官祿宮有文曲星，對宮有貪狼星照會時，為政事顛倒事業不順的狀況。

◎當官祿宮有文曲星，再有羊陀、火鈴相照或同宮時，事業不順，起伏難開創。若文曲再居陷位，加煞星照會，會是從事色情行業的人，為賤格。

適合工作：軍警職、公職、高級公務員、金融、銀行界、出版業、文化業、藝術業、教職、舞蹈、演說家、演藝人員、音樂製作人等等。

左輔星：當官祿宮有左輔星時，你的工作環境是非常溫和、穩重的地方，而且有許多好朋友來給你幫忙。在工作時你和平輩的關係不錯，但長輩運就不一定很好。你熱心助人，同事關係有如兄弟般融洽。

◎有左輔星在官祿宮的人，讀書運不好，有重考、考試考了兩三次才能通過，或者是中途輟學的現象。對於事業運卻沒有傷害只有助益。

◎左輔與羊陀、火鈴、化忌同宮或相照官祿宮時，事業運不順，都是小人來幫忙製造是非麻煩，真正有助益能夠幫助成就事業的貴人沒有，事業會破敗。

適合工作：軍警職、工廠老闆、房屋建築公司、鐵工廠、修理廠、裝配廠、電子加工業、銀行員、電器製造業、植物栽培業、務農、機器製造廠等。

右弼星：

當官祿宮有右弼星時，你的工作環境隨和，人緣融洽，性質穩定。你有許多朋友很熱心的幫助你，朋友中很多是女性。他們都是講義氣，有同情心的人。你的事業會得朋友之助做得很好。你也適合和朋友合夥做生意。會同心協力，生意興隆。

◎有右弼星在官祿宮的人，讀書時都有重考、補考、輟學再復學的紀錄。但成年後工作便無傷害。

◎右弼與羊陀、火鈴、化忌同宮或相照在官祿宮時，你的事業運會受到傷害，小人多，是非多，有容易破敗的現象。

適合工作：軍警職、公職、小生意、泡沫紅茶、餐飲小店、咖啡屋、小型工廠老闆、電子加工裝配業、小型電器工廠、小貨運公司、快遞公司、鋼鐵工廠、汽車修理廠等。

天魁星：當官祿宮中有天魁星時，你做的是文職工作，環境優雅。你的地位威嚴而有份量，同時你也是個頭腦清楚，分析能力強的人。在工作中會有長輩貴人給你幫助。

適合工作：軍警職、公職、教職、文職、出版業、文化業、藝術專業性研究、醫學研究、科學研究、高科技人才、一切專業人才等等。

天鉞星：當官祿宮中有天鉞星時，你工作環境裡是氣質高雅、人緣好、桃花多的地方。這個環境是能夠讓你表現自己，可以出些風頭的地方。因此你多半會從事演藝事業，像孔雀般的愛現。

適合工作：軍警職、公職、藝工隊、演藝人員、舞蹈團、音樂家、歌星、舞蹈家、酒店工作、聲色場所。

擎羊星：當官祿宮中有擎羊星時，你工作的環境很凶猛，也隱藏著很多即將發生的災禍，戰鬥、官非、政爭。你在工作時必須時時警戒，並武裝自己的勇氣，準備隨時應付戰鬥。這個工作是讓人緊張的工作，使你覺得孤單，並且會激起你剛暴激烈的個性，奮力以對。

紫微幫你找工作

適合工作：軍警職最適合。擎羊陷落時，會做黑道、賤業。其他的工作有外科醫生、婦產科、獸醫、屠宰業、市場肉類販賣、刀劍師父、刀鋪、磨刀師父、美容院、軋鋼廠、煉鋼廠等等。

陀羅星：當官祿宮中有陀羅星時，你的工作環境是雜亂、殘破的地方。工作也不順利，容易有傷災、官非、爭鬥之事發生。你工作時的態度很威猛，有智謀，因此你適合做軍警武職，做文職會做不長久。

適合工作：軍警職、公職、電子業、裝配廠、屠宰業、拆船業、貨櫃業、電器加工廠、墓地建造、汽車修理廠、石雕工廠、臨時性工作等。

火星：當官祿宮中有火星時，你的工作是急躁不安、速度很快，常常有些激烈的場面暴發，或是官非、爭鬥不完的情況。當火星居旺，你會在事業上起伏大，也常有一些好運突起。若對宮有貪狼星照會，可形成『火貪』格暴發運，利於升官和暴發錢財。當火星居陷時，意想不到的災禍增多，尤其要注意辦公室的火災問題和與上班通勤的交通事故。

◎火星在申、子、辰宮居陷在官祿宮的人，多半是靠賭維生沒有正業的人。

適合工作：最適合軍警武職。其他尚有速度感快的工作，如快遞貨運、物流搬運業、進出口報關行、水電修理、計程車司機、賭徒等。

鈴　星：當官祿宮有鈴星時，你在工作上反應很快很伶俐，頭腦機智、速度很快，沒法子坐辦公桌的類型。工作場所的爭執、是非、鬥爭都很多。你最適合做軍警職，做文職做不下去。當鈴星居旺時，你在爭鬥上都能贏，有一些好運。若對宮有貪狼相照，可形成『鈴貪格』有突然升職或暴發錢財的好運。鈴星居陷時，多惹是非、官非、血光、災禍，也無法有固定的工作，可能只是一個賭徒而已。

適合工作：軍警職、速度快且需用腦力的工作，如科技研究、建築工地機械操作、港口貨搬運工作、進出口報關行、貨櫃車司機、賭徒等等。

天　空　星：當官祿宮中有天空星時，是沒有事業心的人。或是偶而有事業心，卻無法奮力做出事業來。你們一生做事斷斷續續不能長久堅持奮鬥下去。你們常常也會遇到好事成空的狀況，例如升官、考試之事的吉兆不了了之。天空屬於幻滅的星曜，最怕與地劫相照，本身幻滅再加上外來影響的破敗、損耗。兩相影響，是什麼也做不成，常是無業遊民或地痞無賴。

地　劫　星：當官祿宮中有地劫星時。在你工作的場所或工作內容上常遇到壞事劫入的情況。明明有一個好的構想，大家也很讚同，可是過幾天便被所有人反對。認為根本不可行，而且嗤之以鼻。或是升官時，明明很有希望，最後空歡喜一場。地劫星屬於外來影響的介入所產生破敗、耗財的問題。若與天空星同宮或相照在官祿宮，一生事業成敗多端，或根本無法做正經的事業，只是胡鬧打混過日子罷了！

第四章 從感情生活看你適合的行業（從夫妻宮看適合的行業）

在我們人生中，能對事業產生重大影響的事情，大家差不多都會以為是金錢啦，貴人啦！來自父母長輩的幫助啦！或者是天生的好命啦！其實真正影響我們事業問題的癥結，我認為是『感情』的問題，為什麼這麼說呢？

感情問題其實不能只狹義的解釋為男女情愛，感情的種類包括很多，對父母的感情，對兄弟姐妹的感情、同事之情等等，此外還有對處理事物的感情表達方式，對人際關係的處理方式，和遇到麻煩、是非、災禍應變能力及感情展現的處理方式，快樂時處理事物的方式，憤怒時處理事物的方式，逐一不同。

感情影響著處理事物的方式與態度。憤怒時和喜悅時，有兩極化的差別。性格穩重的人，比較會隱忍，勝不驕、敗不餒。衝動的人，只注重情緒的發洩，對事物沒有直接的助益。

夫妻宮不但是顯示我們命中配偶相貌、體型、工作及夫妻間感情和睦與否，婚姻幸不幸福的宮位。實際上夫妻宮更暴露出你自己本身情感的模式與表達的方式。僻如說你本性裡喜歡什麼樣的人，你對待人情感細膩的程度，你內心世界的點點滴滴，都會在夫妻宮中顯露無疑。夫妻宮中有太陽星的人，你對待別人或是情人配偶，都有大而化之，不注重小節，開朗而快樂的一面。夫妻宮中有太陰星的人，你是有細膩糾葛的情緣，是對待別人與情人配偶喜歡，牽腸掛肚，愛的辛苦，恨的斷腸的一種人。而夫妻宮有七殺星的人，你每日很忙碌，沒時間營造浪漫和諧的氣氛，對朋友和情人、配偶都是以很直接，很乾脆的方式表達自己的感受。這種方式很剛硬，有時會讓對方誤會，產生是非，影響到彼此的感情。夫妻宮中有擎羊星的人，你對人的方式比較愛計較，常要比較對方與自己誰付出的感情較多。你們感情脆弱，很容易受傷，受傷時，常有報復的心態，很難平衡。因此你常以為自己的夫妻宮不好，而被配偶吃定了。其實只要放下身段，把思想做一百八十度的大轉變，就會海闊天空，夫妻和樂，與所有的人都能化敵為友了。這才是真正能幫助我們事業旺盛向前挺進的最佳妙方。

感情的穩定性直接影響到我們事業的成敗。夫妻宮中有紫微、天相、天梁的人，做事時剛開始時的速度並不是很快，但是他們都是能深思熟慮，看得準，抓得緊，一擊而中把握住事務的緊要關鑑，只要一次便能做得完美，不需要再修正了。而夫妻宮中有貪狼星的人，你們有點貪得無厭，好機會太多，魚與熊掌不能兼得，顧了這裡顧不到那邊。所幸你們都有好脾氣與孜孜不倦、勤勞、耐力強的好德性，多花點時間，事務總能做完，是故你們每日都很操煩。

雖然我們覺得夫妻配偶的相互幫助，是人生事業上助力的重點，有吉星相照事業宮，就會有助事業，並得到好配偶。但是夫妻宮中有左輔星、右弼星時，固然夫妻能相助事業，但是也有再婚的跡象，這個跡象在目前離婚率高的社會裡已成為極其靈驗的事實了。

紫微幫你找工作

從夫妻宮看適合行業

夫妻宮中有下列星曜所代表的意義

紫　微　星：當夫妻宮中有紫微星時，你的情緒平和，人緣很好，所顯示的態度雍容大方，感情流露順暢自然，很得到家人和朋友的愛戴，並且是把你高高的捧著，你也有帝王般的氣度，喜歡指使別人做事。你是破軍坐命『寅』宮或『申』宮的人，你們的錢財並不多，但生活快樂。你們適合做軍警職、公職、不適合自己做生意。因為你們有做老大的心態，做生意只會賠本，根本賺不到錢，都被親戚、朋友吃光拿盡了。

適合工作：軍警職、公職、小公務員。

紫府同宮：當夫妻宮中有紫微、天府時，你有雍容華貴的氣度，有保守、自以為高尚有錢人的富裕心態。你是貪狼坐命在『辰』宮或『戌』宮的人，你們常有暴發運和偏財運。因此喜歡以『錢』來衡量人和事物的貴賤。不過你們還算是厚道的人，做人圓滑，不會去得罪自己不喜歡的人。你們適合做軍警職，做生意、做股票、期貨的買賣。

適合工作：軍警職、從商，股票期貨買賣操作，金融商品、房地產（不可久留否則有敗局），貴金屬買賣，進出口貿易、珠寶業等。

紫相同宮：當夫妻宮中有紫微、天相同宮時，你有溫和、思慮多、思考時間很長，做事時迅速的本領。你的分析能力強，聰明卻不外露，做事的方法很公正、圓滑讓大家都對你有好印象。並且處理事情也很體面，是人利已利的一種方式。你是七殺坐命『子』宮或『午』宮的人。穩重的處事方式給你帶來很多的好運，你適合做軍警職、公職、做生意。

紫微幫你找工作

適合工作：軍警職最佳。其次是公職和做生意，大眾交通系統工作、運輸業、貨運業、物流業、金融業、銀行業、貿易業、進出口業、百貨業、食品加工業、金屬加工業、機械製造業、鋼鐵相關行業、水電工程業、建造工程業等等。

紫貪同宮：當夫妻宮中有紫微、貪狼同宮時，你的外交能力很強，很有親和力，做事圓滑，不得罪人，很容易融入別人的團體中，並打入核心。你有多才多藝的天賦，很快的能在工作中掌握主導地位。並且你和配偶情投意合，你也會利用他的關係更上層樓。你適合做軍警職、政府官員、高級公務員、企業主管等。

適合工作：軍警職、政府官員、高級公務員、企業主管、銀行、金融界管理級人才、科技部門主管、工廠、生產機構主管等職。

紫殺同宮：當夫妻宮中有紫微、七殺同宮時，你是性格剛直又自以為是的人，你常常自命高尚、忙碌，而無法顧及配偶情人及週遭人的感覺。你是空宮坐命有武貪相照的人。若你的命宮裡有昌曲進入，那你是本性固執又常有些糊塗的人。若你的命宮裡有羊、陀、火、鈴進入，你的性格剛暴也可能會壞事。不過呢！夫妻宮中有紫殺的人，處理事情雖有些霸道，但還不失為一個講理的人，只要你能放慢腳步，多用一點耐心，你的事業有更高的發展境界，錢賺得更多。

適合工作：軍警職、公務員、財經機構官員、特殊技能人才、股票、期貨操作、電子類、機械類、工程類、加工類、貿易進出口業、貴金屬產品類、房地產買賣、公司負責人等職。

紫破同宮：當夫妻宮中有紫破、破軍同宮時，你是天府坐命『卯』宮或『酉』宮的人，你的性格看似很爽朗，豪放，有高尚富貴的氣質。實則你是小氣計較的人，私心很重。思想有些反覆無常，受了氣想要報復，但最後卻都不了了之。你的本性和表現不太一樣，你本是固執、保守的人，卻常因為看錯人或想錯了方向而敗事。但最後彌補的還不錯，損失不大。你適合做公職、教職或小公務員。做生意也可靠朋友、父母長輩的幫助而成功，但是你由於思慮太多，操煩不已，是個享不到福的人。

適合工作：軍警職、公職、教職、從商做房地產、仲介業、保險業、金銀、金機構商品買賣、儲蓄商品買賣、小生意、百貨業、珠寶業等。

天機星：當夫妻宮中有天機星時，你的情緒常波動，變化無常，你有時快樂，有時陰雨。你聰明善感，是善於觀察臉色、氣氛的氣象人員。天機居旺位時，你尚可以控制氣氛。天機居陷時，你就控制不住了。於是你在工作中也無法保有良好的關係與工作品質，會常換工作。

◎當天機居『子』宮或『午』宮時是居旺，你是空宮坐命有同梁相照的人。你適合做服務業、仲介業、房地產業。

◎當天機居『丑』宮或『未』宮時居陷，你是太陰坐命的人，聰明而多愁善感的性格在工作裡形成阻礙。不過你有『陽梁昌祿』格和『機月同梁』，做公務員，別人也拿你沒辦法。

◎當天機居『巳』宮或『亥』宮時居陷，你是空宮坐命有同巨相照的人，你也有『機月同梁』格和『陽梁昌祿』格。做公職、教職應當沒有問題，只不過是非口舌多，須要應付罷了。

◎當昌曲與天機同在夫妻宮中時，你是聰敏精明的人，做文職較有發展空間。

◎當羊陀、火鈴、劫空與天機同在夫妻宮時，你有衝動、搞怪的本性，會把工作弄得很糟，須要自制。

適合工作：軍警職、公職、教職、文書人員、會計人員、事務人員、電腦輸入資料工作、金融機構、銀行行員、企業職員、設計人員、圖書館人員、學校職員、記者、演藝人員等職。

太陽星：當夫妻宮中有太陽星時，你是故做瀟灑、表面上對人很溫和、寬厚，但內心很勞碌操煩的人。但是別人也都不是傻瓜，他們會和你維持快樂、平和的友誼關係，卻深知你是有深不可測，變化多端的內心世界。他們會很識趣的不去觸碰你的另一面。因此你在工作上依然算是順利的。當太陽星在夫妻宮居旺時，你快樂的心情會存在的時候較多，與工作環境裡的男性相處和諧。當太陽落陷在夫妻宮時，你心情陰雨的時候多，也與工作上的男性同事會產生是非與不合諧的情況。

◎當夫妻宮的太陽星坐在『子』宮或『午』宮時，你是機陰坐命的人。太陽坐『午』宮居旺的人，事業順利、心情愉快。太陽坐『子』宮居陷的人，事業上的問題常讓你煩惱不已。你們是有『陽梁昌祿』格和『機月同梁』格，做公職、又有貴人運，其實是無須煩惱的。

◎當夫妻宮的太陽星坐在『辰』宮或『戌』宮時，你是天機坐命在『子』宮或『午』宮的人。太陽在『辰』宮居旺的人，聰明智慧很高，人緣也較好，你們的命格是『機月同梁』格，做公職和固定的上班族，財利很好。太陽在『戌』宮居陷的人。有『日月反背』的格局，在男人的社會中沒有競爭力，是非較多，財利也不佳。適合有固定的薪資的工作，保住飯碗。

◎當夫妻宮的太陽星坐在『巳』宮或『亥』宮時，你是天機坐命在『丑』宮和『未』宮的人。太陽在『巳』宮為居旺，你是聰明搞怪性很強的人，此時工作場所的男性與你的關係和諧，因此還都會照顧你。使你工作順利。太陽在『亥』宮的人，你的聰明搞怪，並不為工作上的男性同事或上司所接受，而且你受制於他們，因此事業不順，是非麻煩多。

◎當太陽與昌曲、魁鉞同在夫妻宮時，不但你的配偶漂亮、有氣質，你也會在文藝濃厚的地方工作。但昌曲坐『午』、『戌』二宮為陷地的人除外。

◎當太陽與羊陀、火鈴、化忌、劫空同在夫妻宮時，你與配偶時起勃谿，無法和諧。在工作上不順利，是非爭鬥多，升職美夢也容易落空。

適合工作：軍警職、公職、文職、教書、公司職員、金融機構、銀行職員、學校事務人員、圖書館人員、出版界、文化界、傳播界、記者、設計或製圖人員、工程計算人員、會計人員、事務所職員等等。

陽梁同宮：當夫妻宮中有太陽、天梁時，你是天機坐命在『巳』宮或『亥』宮的人。

你的對人的情感表達方式很熱烈、直接，但也有些高傲與自私的心態。只對於自己認定屬於自己喜愛的人，你才會付出炙熱的感情，對於其他的人和事物卻有些冷冰冰。雖然你們依然是溫和有禮的人，但是別人也能感受出你對待人和事物是有差別待遇的。你們屬於『陽梁昌祿』格與『機月同梁』格的混合模式，做公職是必然的考量。陽梁在『卯』宮的人，命格中的『日月居旺』，工作與錢財較順利。陽梁在『酉』宮的人，命格中有『日月反背』的格局，會先勤後惰，也有與男性相處不佳的狀況。

◎當昌曲與陽梁同在夫妻宮時，你有氣質佳、性格開朗的配偶，也有文化素質高的職業。

◎當陽梁與羊陀、火鈴、劫空、化忌同在夫妻宮時，夫妻相處常發生爭執，在工作上也會帶來是非爭鬥的困擾。

適合工作：軍警職、公職、傳播業、教書、出版界、文化界、記者、節目主持、演藝事業、廣告業、設計工作、公司職員、秘書、金融機構、銀行職員、貿易人才、企管人才、藝術家、船員、奔波的學者專家等等。

日月同宮：當夫妻宮中有太陽、太陰同宮時，你是機巨坐命的人。你對人常產生疑惑，很喜歡研究別人的動機，因此與人產生若即若離的現象。讓別人弄不清你的喜樂與禁忌。在工作場所中自然會產生一些人緣上的障礙了。日月在『丑』宮的人。在男人的社會團體中沒有競爭力，與女性較融洽。這會影響升官的機會。倘若主管是女性，問題就沒有了。日月在『未』的人，在女性的團體中沒有競爭力，倘若你是男性，最多沒有女人緣，緋聞少一點，結婚遲一點，工作上的問題不大。

◎若有昌曲和日月同宮時，你會做與藝術有關的行業，例如音樂家、畫家、作家等。

◎若有羊陀、火鈴、化忌、劫空與日月同在夫妻宮時，你性格上有許多缺點，愛鑽牛角尖，又多惹是非，自己又氣不完，人緣不好，工作不順利，事業也起伏不定。

適合工作：軍警職、公職、學術研究機構、科技人才、科技研究工作、教書、作家、藝術家、音樂家、畫家、出版業、文化業、顧問公司職員、補習班業、電腦設計人員等。

陽巨同宮：當夫妻宮中有太陽、巨門同宮時，你是機梁坐命的人。你自己本身口才很好，也認為口才代表聰明智慧，因此你善於用口才和察言觀色去做事。做人太機巧是你們的長處也是敗筆。若是跟對人，則高官厚祿享受不盡，若跟錯人，則一生浮蕩，事業無成。你們是『機月同梁』格的人，必須做公職或固定的上班族才有保障，做生意有險途。你們同時也是有『武貪格』暴發運的人，一生運勢的起伏會影響工作事業成就。

◎夫妻宮中有陽巨的人，可以有平凡白首到老的婚姻。但再加天刑時，會因頑固、一板一眼，太多的律條傷害婚姻。同時也傷害到事業的順利。不過還沒有夫妻宮中有陽巨加羊陀、火鈴、化忌嚴重。

◎夫妻宮有陽巨加羊陀、火鈴、化忌時，你是個自以為聰明、計較、囉嗦、難纏的角色，嘴巴利害，是非多，別人都怕了你了。事業也不會順利。

適合工作：軍警職、公職、機關首長機要秘書、小公務員、公司職員、企管人才、教書、演講人、企劃人員、設計開發人員、資料搜集人員等。

武曲星：當夫妻宮中有武曲星時，你是破軍坐命在『子』宮或『午』宮的人。你是一個重視事業的人。更直接的說法，應該說你是一個很愛賺錢的人。你的性格剛直，對人直來直往，也從不隱瞞或扭怩作態於自己的想法。在事業上你有『武貪格』暴發運，因此你很不在乎別人對自己的看法，因為你很明白自己是個能成大器的人。

武曲在『辰』宮為夫妻宮時，你一生的運氣較好。武曲在『戌』宮為夫妻宮的人，有『日月反背』的現象，只要辛勤努力還能擁有很好的事業。

◎當武曲星與羊陀、化忌同宮在夫妻宮時，『武貪格』成為破格。也有『因財被劫』的困擾，暴發運可能發得很小，也可能不發，也會有因暴發運帶來災禍，傷災、血光、是非連連。

◎當武曲星與火星、鈴星同在夫妻宮時，你是脾氣急躁，說話難聽的人，夫妻間的感情常像在戰場上一般火爆。不過你是有『雙重暴發運』和『因財被劫』格式的擁有者，爆發威力很強，但也有禍不單行之事跟隨，夫妻也有離異之憂。

適合工作：軍警職、從商、大眾運輸系統工作、貨運業、遊覽車業、物流業、股票、期貨操作、彩券、計程車司機、貿易進出口商、報關行、貨櫃業、沙石業等。

武府同宮：當夫妻宮有武曲、天府時，你是貪狼星坐命『寅』宮或『申』宮的人，你很喜歡享受，但又有小氣的性格，是個對自己大方，對別人小氣的人。你的人緣很好，也很會掩飾自己的缺點。你精於企劃自己的人生，更會替自己找一個有錢的配偶，不過你還是得很賣力，才能擁有好的事業。

◎如有擎羊、火星、鈴星、化忌與武府同在夫妻宮的人，自己的性格有些怪異，是非糾纏，夫妻不和，也可能會半生孤獨，有離異、或夫妻生離死別之憾事。

適合工作：軍警職、金融機構、銀行行員、股票、期貨操作、出版業、文化業、物流業、百貨業、保安人員、政治界、教育、校長、教育用品業、書店、司法界、宗教用品業等。

紫微幫你找工作

武貪同宮：當夫妻宮中有武曲、貪狼時，在你的個性裡有一部份是固執剛硬、冥頑不通，有一部份是懦弱怕事的性格。因此你表面上看起來是一個老好人，其實在有些事情上你都有自己固守的理念，是不容侵犯，在外人的眼中，你是『妻管嚴PTT』的會員。此命的女子表面上也是怯懦的角色，但是你們的內心都有正義的守護神，只有在最緊要的關頭才會表現出來。因此你們在工作上是份外操勞辛苦的，你們在機關團體中是總管型的人物缺你不可。但在升官、升職、升等上又未必給你公平的待遇。這是很惱人的事，可是你的個性，你是不會去爭的。

◎若有昌曲和武貪同在夫妻宮的人，你是凡事都有些糊塗的人。

◎武貪在夫妻宮的人，具有暴發運，可以發生在事業上，做軍警職或公職都是最佳的旺格。

◎若有羊陀和武貪同在夫妻宮的人，為破格，暴發運會發得小或不發了。並且有此格的人容易離婚或與配偶生離死別。若有火鈴和武貪同在夫妻宮的人，有雙重暴雙運但夫妻不甚美滿，有離異和相剋不和的情形。若有化忌和武貪同在夫妻宮，你會是性格怪異的人，夫妻問題是非多、不和。也有事業不順的狀況產生。

適合的工作有：軍警職、公職、銀行、金融機構職、國營機構職員、企管人才、管理人才、民營大機構職員等。

武相同宮：當夫妻宮中有武曲、天相時，你是七殺坐命『辰』宮或『戌』宮的人。你是既愛賺錢，又愛享受的人，你的性格上是溫和中帶有剛直意味，對別人比較剋求，當別人做不到時只好自已去做，你是一個喜歡操煩的人，不過你的運氣都很好，只要你一出馬，立刻太平無事了。

◎當武相與昌曲同在夫妻宮時，會和對宮的破軍形成貧困的格局，再辛苦也是很難賺到錢的。具有水厄。不過你會擁有一個氣質優雅的配偶。

◎當陀羅、火、鈴、化忌與武曲同在夫妻宮時，『因財被劫』事業運不佳，是非爭鬥多，夫妻感情也不佳。

適合工作：軍警職、公職、政治人物、貨櫃業、科技工廠、電子工廠、菜市場

紫微幫你找工作

生意、電器工廠、沙石場、百貨業、進出口業、五金生意、鋼鐵生意等。

武殺同宮：當夫妻宮中有武曲、七殺時，你是空宮坐命在『巳』宮或『亥』宮，對宮有廉貪相照的人。你的夫妻宮是『因財被劫』的格式。你在性格上有許多的缺點，你有自知之明，但從不承認。事實上你只能做軍警職最合適，做文職或做生意最後都是一事無成，最後變成游手好閒的情況。

◎有羊陀、火鈴、化忌和武殺同宮在夫妻宮的人，都可能是和配偶生離死別、離婚及孤獨半生的人。

適合工作：軍警職、保安人員、法警、義警、義交、大樓管理員等職。

武破同宮：為夫妻宮中有武曲、破軍時，你是天府坐命在『丑』宮或『未』宮的人。你有保守和孤獨的性格，為人有些慳吝，做事辛勤勞苦，喜歡管事操煩。但是你的配偶卻無法忍受你的吝嗇和嘮叨以及工作態度，夫妻間的衝突很大。其實你的下屬也是有些受不了。你會離婚再婚，又走同樣的路子，最後你把心全放在事業上去了。

◎當陀羅、火鈴、化忌與武破同在夫妻宮時，你家裡與事業上的是非都多，事業起伏不定。與配偶也有離異與生離死別之痛苦。最後你會借由修道參禪，孤獨半生。

適合工作：軍警職最適合，其次是公職、學校裡工作、大機構管理階級、企管人才、金融機構、銀行行員等。

天同星：當夫妻宮中有天同星時，你是性情溫和，寬容，對事情感受不深刻，凡事不剋求的人。你比較勞碌，愛東奔西跑，忙碌使你無暇顧及對周遭人、事、物及氣氛的觀察與評估。不過這樣也好，省去了介入是非、混亂的問題當中。因此好似都是處在平和的狀態裡，一片歌舞昇平的景象。在你的婚姻狀況裡同樣也是沒有漣漪的平凡狀態。

◎當天同為夫妻宮在『卯』宮或『酉』宮時，你是太陽坐命『巳』宮或『亥』宮的人，你們是『陽梁昌祿』格和『機月同梁』格的混合體，若文昌星和祿星的角度好，在三合地帶形成完整的『陽梁昌祿』格，你會做高級公務員，走官途。若沒有此格的人，你會是規規矩矩的上班族，平安快樂過一生。

◎當天同在『辰』宮或『戌』宮為夫妻宮時，你是太陽坐命在『子』宮或『午』宮的人，你們也是『陽梁昌祿』格和『機月同梁』格的混合體，適合做公職、或固定的上班族。你工作的場所有一些是非和混亂，讓你操勞不已，但是你穩重、寬容的態度很容易擺平。你的金錢運不穩定，因此你必須辛勞努力的工作。不過你有很好的部屬運及貴人運，升職、加薪運氣應該不錯。

◎當天同為夫妻宮在『巳』宮及『亥』宮時，你是太陽、太陰（日月）坐命的人，你的工作充滿著奔波的因素，你會做公職或薪水階級，會做技術性的專業人才，如工程人員、科技人員等。

◎若有羊陀、火、鈴、化忌與天同在夫妻宮時，對事業有傷害，是非、混亂較多，也會有傷災，也可能有混跡黑道之命運。

適合工作：軍警職、公職、政府官員、教職、政治人物、工廠及公司負責人、技術性專門人才、工程、科技人員、文職、電類業界、電腦公司、電子、電機工廠、印刷工廠、光學製品工廠、百貨行、加工廠等等。

同陰同宮：當夫妻宮中有天同、太陰時，你是陽巨坐命在『寅』宮或『申』宮的人。你有溫和細膩的情感，很會看人的臉色行事。你的頭腦很好，分析能力強，口才也不錯，但不會用來和人爭執，你喜歡快樂、溫暖的環境。因此你適合做公關人員，服務業或教師。當夫妻宮裡的同陰雙星在『子』宮時，你是個愛勸導別人的人，做人很熱心，更適合做義工或法官，可以苦口婆心的教人向善。

◎當夫妻宮中的同陰和擎羊、火、鈴、化忌同宮時，你煩惱的事很多，心情不能平靜，是非、災禍糾纏，事業也不順利。

◎當同陰在夫妻宮時，你的配偶是面貌美麗俊俏的人。同陰在『子』宮的人夫妻和樂。同陰在『午』宮的人，太陰陷落，與女子的關係不佳。夫必須年長於妻很多歲，才可避免婚姻波折。

適合工作：軍警職、公職、大公司職員、仲介業、保險業、公關人員、教師、培訓幹部的主管、法官、義工、服務業、百貨業、銷售人員、房地產業、分析、管理階級等等。

同梁同宮：當夫妻宮中有天同、天梁時，你是太陽坐命『辰』宮或『戌』宮的人。你有溫和、寬宏的個性，喜歡照顧別人，你與配偶的年紀會有一些差距，也會有些臭脾氣，對於某些問題做頑固的堅持。但你始終是辛勤勞碌的善良人。你適合做服務業。夫妻感情佳。

◎夫妻宮中有陀羅、火鈴的人，個性衝動，無法維持冷靜，夫妻感情差，在奔波中容易有是非、傷災、一生事業不順，可能與黑道有瓜葛。

適合工作：軍警職、小公務員、服務業、酒店、餐飲業、旅館業、交通運輸系統服務人員、停車場、加油站服務人員、仲介業、房地產業、保險業、義工、醫院服務人員等等。

同巨同宮：當夫妻宮中有天同、巨門時，你是陽梁坐命的人。你是聰明有學識、有涵養的人，但是環境裡的是非太多，讓你煩惱。你喜歡談得來的對象，也喜歡發表高論，但婚後你的配偶都不如婚前那麼聽話可愛了，彼此時有爭執。也沒人愛聽你開講了，實在夠鬱悶，於是你經常不在家。你是有『陽梁昌祿』格的人，若文昌星與祿星的角度好，在命、財、官四方三合地帶出現，你是有官聲走官途的人。你的志氣很大，能突破心理上的障礙力求上進。

◎若夫妻中的同巨再加羊、陀、火、鈴、化忌的人，婚姻問題嚴重，可能有離異和鰥寡的結果，事業起伏不定。

適合工作：軍警職、公職、政府官員、教書、文職、小公務員、大企業職員、出版業、文化業、補習班業、企業人才、宗教、算命人才等。

廉貞星：當夫妻宮中有廉貞星時，你是破軍坐命在『辰』宮或『戌』宮的人。你是性格剛烈，做事陰滑的人，而且絕不會給對方喘息的機會。在表面上你會依舊和對方是好朋友。在你的婚姻裡也是相同的狀況，因此你有數次婚姻紀錄。你適合做軍警業、計劃性、攻擊性的事業。

◎若有昌曲、魁鉞、左右同在夫妻宮的人，配偶會帶給你名聲、地位、光彩，但你的婚姻容易有第三者。

◎若有天空、地劫在夫妻宮的人，你的配偶學有專長，但也易離異。

◎若有陀羅、火、鈴、化忌同在夫妻宮的人，夫妻間的爭鬥更烈，有生離死別之狀。且一生事業無著，混跡黑道。

適合工作：軍警職、政治人物、公職、專業技術人員、電力公司、電器工廠、電子業、水電工程業、燈具業、石油公司、酒店、聲色場所、百貨公司、加工業、裝配業、貨運業、貨櫃業、沙石業等。

廉府同宮：當夫妻宮中有廉貞、天府時，你是貪狼坐命『子』宮或『午』宮的人。你是非常有交際手腕的人，夫妻間也以此為樂，所以你們的交際應酬很多。你們善用這層關係攀龍附鳳，游走於高一層的社會空間裡。你多半是晚婚的人，在工作環境中比較成熟，較能瞭解官場上的把戲，你也可運用的很好。你適合做公職、教職、軍警職，這些地方較會有官場的環境。

◎若有昌曲和廉府同在夫妻宮時，會因配偶擅於交際而給你帶來財富或較大的官職。

◎若有羊陀、火鈴、化忌與廉府同宮在夫妻宮時，會有離異及生死離別的現象。此格和對宮的七殺，會形成『廉殺羊』、『廉殺陀』的格局，流年、流月逢到，自己也會性命不保。

適合工作：軍警職、公職、政府官員、教育界、校長、大公司管理階級、公司負責人、教育用品業、出版社、書店、股票、期貨、金融操作等。

廉相同宮：當夫妻宮中有廉貞、天相時，你是七殺坐命在『寅』宮或『申』宮的人。你是個性保守、謹慎的人，在外面打拼時，你有無比的威嚴，做事很有魄力，回到家中你卻是個怕太太，對配偶無比溫柔，像是個沒膽的人。你的配偶同樣也是個做事能力很強的人，夫妻相處和樂，你們有共同為家裡打拼的信念。你適合做軍職、公職、政府官員。

◎當廉相與擎羊、火星、鈴星、化忌同宮時，夫妻時起勃谿，無法和樂，事業也常破敗。

適合工作：軍警職、公職、政府官員、政治人物、民意代表、金融、銀行機構行員、保安人員、徵信、特務、調查局人員、公司負責人、企業家等等。

廉貪同宮：當夫妻宮有廉貞、貪狼時，你是天相坐命在『丑』宮或『未』宮的人。你是藍領階級的人，以工職為業。你是外表溫和、但知識水準不高，為人孤寒小氣、有自私的心態，夫妻間爭吵打架無寧靜之日。你會結婚多次，但都會有相同的結果。你的工作環境不佳，與同事、朋友之間多是非，但你算是專業人才，故生活上還過得去。

◎若有昌曲和廉貪在夫妻宮的人，你是花言巧語，多虛言的人。若有陀羅、化忌、火、鈴、劫空同在夫妻宮的人，夫妻吵鬧恐有相互殺傷之嫌。事業上也一敗塗地，為一無賴之人。

適合工作：軍警職、做工、建築業、鋼鐵業、貨運業、港口搬運貨物、工程車操作員、怪手操作員、道路、橋樑舖設工程、船上工職、垃圾場焚化爐管理操作人員等。

廉殺同宮：當夫妻宮中有廉貞、七殺時，你是空宮坐命有紫貪相照的人。你最適合做軍警職，財運才會順暢，也較會有升官的機會。做文職不利，會做不下去而中斷。你與配偶之間感情不順，亦可能生離死別，須多留意。

◎當羊陀、火鈴、化忌、劫空與廉殺同在夫妻宮時，夫妻不和，且多火爆場面、是非恩怨太多。你的工作上也不能穩定。若形成『廉殺羊』、『廉殺陀』格局時，你在流年、流月三重逢合之時，有血光之災喪命的可能。

紫微幫你找工作

適合工作：軍警職、保安人員、特務、調查局人員等等。

廉破同宮：當夫妻宮中有廉貞、破軍時，你是天府坐命『巳』宮或『亥』宮的人。你是表面溫和、做事有能力的人。但是你的內心卻是性格剛強，在男女關係上較淫亂，你會有多次的婚姻，或與人同居的情況。這種種的問題，會造成你事業上也無法更進一步。一生是起伏不定，成敗多端的景況。雖然你有『武貪格』暴發運，但也是起落之間差距較大而已。

◎若有羊陀、火鈴、化忌與廉破同在夫妻宮的人，你是非很多，在思想上、作為上都是淫賤小人，婚姻關係也不長久，且容易在黑道混跡。

適合工作：軍警職、保安人員、黑道。

天 府 星：當夫妻宮中有天府星時，你是性格剛直，對事情有自我主見，做事一板一眼，不願意聽別人意見的人。但是你對配偶卻有某種程度的信賴與依賴，因此在婚姻關係中很和樂融洽。配偶也會給你帶來一些財利，相互體貼。

◎當天府為夫妻宮在『丑』宮或『未』宮時，你是紫貪坐命的人。你是只會做官不會管錢的人。做軍警職、政府官員、固定的公務員較好，配偶就是你的財庫，並能幫助你在官途上的順利。

◎當天府為夫妻宮在『卯』宮或『酉』宮時，你是廉貪坐命的人。你會從事辛勞的行業，故以做軍警職為佳。你的配偶會支持你清貧穩定的生活。做文職會做不下去，一敗塗地，且有流於黑道之嫌。

◎當天府為夫妻宮在『巳』宮或『亥』宮時，你是武貪坐命的人。你的性格剛強，少說話，做事很有魄力，喜歡苦幹、實幹。做軍警職最好，其次做生意，配偶也是輔助的好手。你一生有多次暴發運要好好把握機會。

◎當天府與羊陀、火鈴、劫空同在夫妻宮時，會因配偶才能凌駕自己之上而有怨隙。自己在事業上也有不順、是非麻煩等令人頭痛的問題。

適合工作：軍警職、公職、政府官員、小公務員、生意人、股票、期貨操作、工職、專業技術人員、電子、金屬類技術人員、機械技術員、公司、工廠老闆等職。

太陰星：

當夫妻宮中有太陰星時，你是個思想細膩、常會因情緒變化而起伏不定的人，你有愛計較、愛多想、有點囉嗦、喜歡注重小節、很重視感情問題，是個重情不重理的人。因此在做事時容易多惹是非，常常擺不平，讓自己很操勞。

◎當夫妻宮中的太陰星在『卯』宮或『酉』宮或『辰』宮或『戌』宮時，

你是巨門坐命的人，你們適合做公職和事情奔忙的工作，無法靜下來。做軍警職常調防或做公職常出差是最好的選擇。做生意會成敗不定。

◎當夫妻宮中的太陰星在『巳』宮或是『亥』宮時，你是同巨坐命的人。你一生有好命，可靠配偶、父母來供給你花用。而且你又掌握住控制他們最好的方法，用情感和囉嗦、是非、牽制他們，最後你都能得到最後的勝利。你一生只做些臨時性的工作，工作期不長，其他的時間都在享受玩樂或忙碌玩樂之事。

◎當羊陀、火鈴、化忌與太陰同在夫妻宮時，婚姻不順，事業也有起伏，尤其是太陰陷落的人，有『日月反背』的格局，談不上有事業之說。

適合工作：軍警職、公職、政治人物、民意代表、小公務員、文職、小生意、仲介業、房屋地產業、保險業、傳銷事業、演說、宣傳人員、產品推銷人員等等。

貪狼星：當夫妻宮中有貪狼星時，你是多才多藝、做事能力強又幹勁十足的人。但是你心中常常覺得自己所做事還不夠完美，因此惴惴不安而心有芥蒂。也確實如此，你做事時也常有馬虎的情形。你是個喜好浪漫、對配偶或別人都要求很高的人。你的個性固執、和配偶會因個性問題而不和。

◎當貪狼星在『子』宮或『午』宮為夫妻宮時，你是武相坐命的人。你適合做軍警職或教育界，會有很高的地位。

◎當貪狼星在『寅』宮或『申』宮時，你是紫相坐命的人。你一生勞碌，但也喜歡拈花惹草、婚姻不全美滿。不過你倒是把事業放在第一位，會經營的有聲有色。

◎當貪狼星在『辰』宮或『戌』宮時，你是廉相坐命的人，你是膽小怕事，做事固執、做人一點也不浪漫的人。你一生中有多次暴發運，但與配偶個性不合，只有把心思用於在賺錢上了。

◎當貪狼星與羊陀、火鈴、化忌同在夫妻宮時，你會因色情事件而離婚。

適合工作：軍警職、公職、技術專業人才、教育界、科技界、電腦及電子行業、工程技術專才、建築業、水電工程業、船舶製造修理業、政府官員、政治人物等等。

巨門星：當夫妻宮中有巨門星時，你是有辯才的人，你自認為有正義感，喜歡多管閒事，認為在幫助別人。因此你很勞碌、工作場所是非又多，你卻不以為苦。可是你家裡的是非更多，你的配偶常埋怨你不管家裡的事，因此夫妻間口角多。你也是個善妬、不認輸的人，只有付出更多的辛勞，在事業上才會擺平。你們不是擁有『陽梁昌祿』格，就是擁有『機月同梁』格的人，因此做公職最佳。

◎當巨門為夫妻宮在『子』宮或『午』宮時，你是同梁坐命的人。你善於口才、喜歡說過不停，在外好面子會照顧別人，回家後與配偶相處，便不喜聽人囉嗦。因此你喜歡在外奔波。適合做服務業、運用口才的行業。

◎當巨門為夫妻宮在『辰』、『戌』、『巳』、『亥』宮時，你是天梁坐命的人。你們命格裡有『陽梁昌祿』格和『機月同梁』的混合體，若文昌星、祿星在三合地帶照會，做高級公務人員很有前途。

◎當巨門與羊陀、火鈴、化忌在夫妻宮裡出現時，你是頭腦不夠清楚，容易使是非加劇的人，一生是非混亂、事業也有傷害，可能會一事無成。

適合工作：軍警職、公職、政府官員、服務業、教書、餐飲業、旅館業、酒店、聲色場所、民意代表、政治人物、法官、律師、獄政人員、慈善機構、宗教機構等。

天相星：當夫妻宮中有天相星時，你是對感情有專一的認定，做事情一板一眼很負責任。同時對自己的家庭也很負責。你做事很積極、努力打拼，你的配偶也很能諒解，你的婚姻生活很愉快。同時你的事業也有穩定的發展。

◎當天相為夫妻宮在『丑』宮或『未』宮時，你是武殺坐命的人，夫妻能同心協力把家庭照顧好。你的事業是必須不停的操勞，歷經驚險而成功。你適合做軍警職。

◎當天相為夫妻宮在『卯』或『酉』宮時，你是紫殺坐命的人，你一生有多次暴發運，事業起落很大，成敗不一，但配偶都能體諒。你的事業運不是很好，但努力仍有所成。適合做軍警職或藝術家、股票、期貨、彩券操作。

◎當天相為夫妻宮在『巳』宮或『亥』宮時，你是廉殺坐命的人。你與配偶的關係常有『親上加親』的現象。常有近親結婚的可能。你做事負責，但辛苦而得財不多，夫妻倆能胼手胝足，相親相愛的過日子。你的事業不會很高，會足以生活，你們都是有家產的人，因此生活愉快。你適合做軍警職或勞動階級、薪水階級。

適合工作：軍警職、公職、教書、政府官員、民意代表、政治人物、藝術家、音樂家、畫家、股票、期貨操作員、大家樂賭徒、文職、設計出版業、律師、法官等職。

天梁星：當夫妻宮中有天梁星時，男子會娶比自己年長之妻，女子會嫁比自己年紀大很多的丈夫或是小丈夫。你們在性格上都有喜歡被照顧、被寵愛的慾望。也喜歡去照顧別人。你們熱愛名譽和權勢，喜歡裝出老大的架勢，但事業並不一定真的如意。普通你們都具有『陽梁昌祿』格和『機月同梁』格，只有文昌及祿星角度好的人，才有官格，能在事業上創造名聲。你們適合做公職、教書。

◎當天梁為夫妻宮在『子』宮或『午』宮時，你是空宮坐命，有機陰相照的人。天梁在『子』宮的人，在事業上會有名。天梁在『午』宮的人，在事業上較有利。你們適合做公教職。

◎當天梁為夫妻宮在『丑』宮或『未』宮時，你是天同坐命的人。你會擁有暴發運，但事業並不見得高超，做公務員較合適。

◎當天梁為夫妻宮在『巳』宮或『亥』宮時，你是空宮坐命有日月相照的人。夫妻宮中的天梁居陷落的位置，夫妻感情起伏不定。你多半會在學術機構工作，因貴人星落陷，因此升官不易，做教職較好。

◎當天梁與羊陀、火鈴、劫空同在夫妻宮時，不但會影響夫妻感情，也會影響事業的順利。

適合工作：軍警職、公職、政府官員、教書、學術機構做研究工作、科技類、企管人員、藝術家、宗教機構、圖書館人員、郵局、石油公司職員、企業職員。

七殺星：當夫妻宮中有七殺星時，你是性格急躁剛直、凡事以事業為重的人。你每日奔波忙碌、工作態度嚴謹、絲毫沒有放鬆過，就連渡假時，你也是心繫工作崗位，深怕一離開就會變天似的。通常你在事業上辛勤付出是收到了回報。但是在夫妻關係上你疏於經營就變得婚姻不順利了。爭吵的原因多半是協調方式不好，相互感到個性不合，價值觀不統一、對事務的看法不同等問題。

◎當七殺為夫妻宮在『子』宮或『午』宮時，你是廉貞坐命的人。你整日為工作操煩，很少有心思放在家裡、引起配偶的抗議爭執。在工作上你倒是能兢兢業業，隨時注意資訊，並能經營計劃很負責任，事業在穩定中向上發展。你適合做軍警、技術專業人才。

◎當七殺為夫妻宮在『寅』宮或『申』宮時，你是武曲坐命的人，你有剛直坦白的個性，對人直來直往，不講求圓滑。你又勞碌成性，對婚姻關係經營不夠，因此婚姻不算順利。不過你把精神放在事業上倒能打下一片天下。你適合做軍警或生意人。你們有『武貪格』偏財運，一生有多次暴發機會可成為富甲一方的富翁。

◎當七殺為夫妻宮在『辰』宮或『戌』宮時，你是紫微坐命的人，你是固執又喜歡用權威對待別人的人。你的配偶很能幹，最後常以個性不合或第三者介入而造成婚姻不順利，你適合做軍警職、公職、政治人物。

※有七殺在夫妻宮的人，夫妻分開工作，各忙各的，彼此多體諒，也能化解婚姻問題。

◎當夫妻宮中有七殺與羊陀、火鈴、劫空同宮時，夫妻爭吵無寧日，會以離婚或生離死別收場，夫妻相互剋害嚴重。

七殺在『辰』宮或『戌』宮的人，再加羊陀，會與對宮形成『廉殺羊』、『廉殺陀』，流年、流月、流日三重逢合，會因車禍、血光、傷災而喪命。

適合工作：軍警職、公職、工程技術人員、與金屬有關的科技人員、水電工程人員、金融機構、銀行、股票操作員、期貨操作、公司負責人、政治人物、民意代表、礦業、科學界、珠寶業、汽車業、法官、五金業、機械工具、製造買賣等。

破軍星：當夫妻宮中有破軍星時，你是個性剛直、一板一眼、做事很負責、自律

紫微幫你找工作

甚嚴、但對別人要求也很高的人。你們通常都很好命，生活富裕，事業輝煌，但是再好的命也有一破。而你們就是破在夫妻宮。你會遇到價值觀、思想和你全然不一樣的配偶，而且是剛強無法教化的人。初識時，他很會隱藏自己，頻頻展示豪邁開朗，結婚後才發現個性不和，而且讓你頻頻破財。最後你們以離婚收場。

◎有破軍星在夫妻宮的人，通常配偶的財力都較為弱，且有同居不結婚的現象。

◎有羊陀、火鈴、劫空與破軍同在夫妻宮的人，常有家庭暴力產生，夫妻不和，且有生離死別、後半生孤獨之象。

◎當破軍星為夫妻宮在『子』宮或『午』宮或時，你是紫府坐命的人。你一生運好，更有『武貪格』暴發運，可以富可敵國。但你一生婚姻上的是非多，讓你奔波辛勞，且有多次婚姻，擾亂運程，不過三十五歲以後開始走好運暴發錢財。但婚姻的問題依然不佳，中年以後不結婚可能是最好的考慮，也可以減少破財了。你適合做生意人。

◎當破軍星為夫妻宮在『寅』宮或『申』宮時，你是廉府坐命的人。你是陰沈吝嗇的人，對外人你會運用圓滑的手腕攏絡人。可是你對自家人反而剋刻。因此你的婚姻關係很不好，常有離婚的徵兆、搖搖欲墜。若逢到第三者或外力的影響就很容易垮掉。你的事業做得不錯，也很重視錢，認為有錢就有婚姻，所以更換配偶就不希奇了。你適合做公職、特殊專才。

◎當破軍為夫妻宮在『辰』宮或『戌』宮時，你是武府坐命的人。你生在富裕的家庭，性格剛直、保守，對人有些苛求和吝嗇，你和配偶會因個性不合的問題而離異。你適合做公職。

適合工作：軍警職、公職、公務員、生意人、技術性人員、政府官員、教職、五金業、交通運輸業、進出口貿易業、房地產業、金融產品買賣、電子業、電器業、流行商品買賣、百貨業等。

祿存星：當夫妻宮中有祿存星時，可因配偶的幫忙，給你帶來大財利，他會是辛苦勞碌幫你賺錢的人。你在事業上也會有順利的發展。此命格的人，配偶宜比自己年輕。否則會有孤獨的後半生。

適合工作：軍警職、公職、小生意。

天馬星：當夫妻宮中有天馬星時，夫妻間能互相合作，彼此幫忙或共同做一個事業可興旺，但夫妻有聚少離多之象。

紫微幫你找工作

文昌星：當夫妻宮中有文昌星時，你很注重氣質和文藝修養的問題，你的配偶也會是高水準、高知識的人。夫妻和樂，你也會做文職方面的工作。文昌星居寅、午、戌宮為居陷時，上述優點轉劣。若文昌星與破軍相照夫妻宮時，你的事業是辛苦又賺錢少，空有外殼罷了。並且流年逢到有水厄。

適合工作：軍警職中的文職工作、公職、文職、出版業、文化業、藝術界、演藝人員等等。

文曲星：當夫妻宮中有文曲星時，你是口才好、人緣佳、桃花運很多的人。你的配偶同樣也有這些優點，你升官發財的機會很多。你的才華洋溢，在工作場所很能發揮。文曲若居寅、午、戌為居陷時，上述優點轉劣。若有破軍在對宮相照時，會在工作上奔波辛勞、財利少、言語也成為虛誇之詞，且有水厄。

適合工作：軍警職、公職、表演界、演說者、仲介業、傳銷業、保險業、演藝人員等。

天魁、天鉞：當夫妻宮中有天魁、天鉞時，你是非常機智、愛美俊俏的人。你的配偶也正如你所願，有才智有容貌。你在事業上也會得貴人之助而平步青雲。

適合工作：軍警職、公職、政府官員、文職、出版業、文化業、藝術界、演藝人員等。

左輔、右弼：當夫妻宮中左輔星或右弼星時，你在工作上能獲得好助手幫忙事業。同時配偶與你也會有同心協力相助事業。但依然會有離婚、再婚的問題。

適合工作：軍警職、公職、進出口貿易、工廠負責人、汽車修理廠、鋼鐵工廠、小生意。

擎羊、陀羅：當夫妻宮中有擎羊、陀羅時，你本身在性格上有一些小氣計較的心態，有時對於不合心意的事情有報復的心態。你常常會衝動，對於不愉快的人、事、物，把他們當做毒瘤、眼中釘貼在心上，時時欲除之而後快。但有時不能很快的除去，於是你就深以為苦，鬱悶在心，覺得別人是來剋害你的。你若能放寬心胸，換個角度想想，不把這些問題當毒瘤，而把它當做是激勵自已的一種力量。情況會好很多。

◎當夫妻宮有擎羊、陀羅時，夫妻感情不順，彼此以互相傷害為相處方式。此格的夫妻應各自有技術性的職業為佳，各在各的領域發展，一天中見面的時間少，較會順利。

◎當夫妻宮中有擎羊、陀羅星再加火星或鈴星或化忌或劫空時，你的脾氣火爆，不適合有婚姻。在婚姻關係中會釀成災禍，是非糾纏不完，有殺夫、被殺之嫌，縱使不死，也有後半生孤獨的人生。

適合工作：軍警職、技術性官員、外科醫生、婦產科醫生、獸醫、屠宰業、製刀、磨刀工廠師父、鋼鐵工廠與利器有關的行業、兵工廠、槍炮彈藥工廠、法官、律師、監獄執行人員、獄政人員、電子、電器工廠、市場肉類販賣、超市切割分裝肉類人員、墓地建造修理人員、喪葬業、情報人員、調查局探員等。

火星、鈴星：當夫妻宮中有火星或鈴星時，你工作的態度是急速馬虎、潦草的人。欲求速戰速決，講效率而不耐煩，夫妻關係也常呈現火爆的局面。你一生的事業起伏很快，做事不長久。若有火星和擎羊星居『辰』、『戌』、『丑』、『未』宮的人，會有權威出眾的現象，但不利婚姻。你們做軍警職較佳，否則會有流於黑道之虞。

◎當火星、鈴星與擎羊、陀羅同在夫妻宮時，你為人較惡狠、凶質、是非災禍都很多，夫妻間也相互傷害，無法做正當的職業。

適合工作：軍警職、義警、賭場工作、聲色場所、賭徒、臨時性的工職、發電廠、與火有關的行業、黑道。

紫微幫你找工作

天空、地劫：當夫妻宮中有天空、地劫時，你工作中常遇好事成空的境況，做事不能長久。婚姻也較遲，也可能婚姻有半途而廢，或是半生孤寡的現象。你的一生多飄泊勞碌，賺錢不容易。工作中也常有意想不到的災害、拖延、不順的狀況。

適合工作：軍警職、公職、教書、固定薪資的工作、臨時性的工作。

天姚星：當天姚星在夫妻宮時，你可能因桃色糾紛，會有重婚的現象。或有外室。工作上人緣較好，宜做演藝人員。

紅鸞星：當紅鸞星在夫妻宮時，會有美麗的配偶。

天哭、天虛：當夫妻宮中有天哭、天虛星時，配偶運不順，會有相處困難的狀況。

三台、八座：當夫妻宮中有三台、八座星時，配偶運不順，容易成為無緣之人，會聚少離多，其中一方會長期的離開。

化權星：當夫妻宮中有化權星時，你在工作中是職高能掌權的人。此命的男子可能娶官家小姐。此命的女子可嫁貴夫。夫妻感情好，事業順利，容易高陞，配偶在家庭中掌控主控權。

化祿星：當夫妻宮中有化祿星時，你在工作中是人緣較佳，財利豐厚的人。此命的男子可配多財之妻。此命的女子可入豪門，錦衣玉食。夫妻感情和樂、事業順利、大發財利，可做金融機構、財經部門、銀行、名商的工作。

化科星：當夫妻宮中有化科星時，你是氣質優雅、注重文化、辦事能力強的人。你的配偶也在文藝方面有特殊的才藝。因此夫妻和諧。你在工作中利於升官、文名，且有極佳的考試運。利於文職、教職。

化忌星：當夫妻宮中有化忌星時，你在工作中常遭是非困擾、不順的事經常發生。夫妻間也是非多、感情不睦，婚姻不順。若有『羊陀夾忌』的人，流年、流月行運到夫妻宮，會有喪命之虞，須要小心。你的工作是起伏不定的狀態，要平和自己的情緒，多學習待人處事的方法，可化解災厄於無形。宜做公職。

第五章 從金錢運裡看你適合的行業（從財帛宮看適合的行業）

平常我們找工作多半是為了求財，賺取財富以利人生的富貴。大多數的年青人，在剛入社會時還沒有如此遠大的目標，只是以工作謀取生活之資罷了。不管如何，我們最關心的還是工作好不好？賺不賺得到錢？這些老問題。

要瞭解上述的問題，就必須先弄清楚財的來源和流通好不好的問題。財的來源與流通其實就是工作的真正關鍵問題了。

財帛宮通常告訴我們的不只是錢財的多寡，也包括賺錢的方式，與運用錢財的方法。財帛宮還會透露出你的身份地位，例如你是不是有錢的上等人呀？是不是勞工階級？是不是坐辦公室的白領階級？是不是具有官格的政府官員等等。

但是財帛宮好的人，並不代表一個人真正的有錢。只有福德宮與田宅宮（財庫）裡有財星居旺的人，才是真是的有錢人。財帛宮裡有財星居旺的人，只表示說你手頭經濟充裕，可以運用的錢很多，沒有拮据困難的窘境，但是你若仗勢此等好運，而無盡的揮霍，不事生產，也還是難逃敗落的命運。

財帛宮裡的財，是我們花出去的財。留存積蓄的財自然藏在財庫裡，那就是田宅宮裡的財了。至於你能享受，有福擁有的錢財，要看福德宮裡的財了。因此我們常常可以看到很多具有暴發運的人，有『武貪格』、『火貪格』、『鈴貪格』的人，在某些年份暴發財運，直上雲霄，風光了一陣子，要是福德宮、田宅宮好的人，擁有天府、天相、太陰等穩定的財星又居旺位的話，他是可以長期擁有這些金錢，成為富人的。若是福德宮或田宅宮有破軍、擎羊、陀羅等煞星，財還是留不住，我們就說他是『暴起暴落』的暴發戶了。

從工作事業的角度來看財帛宮，其意義更有多樣性。例如財帛宮中是財星居旺入宮的人，是較喜歡與錢親近的，容易從事與錢財出入多或快速的金融業、生意人等職業。若是財星居陷在財帛宮的人，也可能會從事金融、生意行業，但薪水低職位不高，也許只是一個公司中的小會計，或者是銀行行員之職。

若財帛宮中出現的是不是財星，而是太陽、天梁、這些不主財。而主貴的星，那你可能從事因名聲好，或是參加國家考試而得到好職位的人，你多半會做公職、教職等職業。這就是『陽梁昌祿』格所給你帶來主貴的好運。

當財帛宮中具有『靜』態星曜如天府、天相、天同時，你多半會從事公職、文職和固定薪資上班族的工作。當財帛宮中有『動』態星曜時，你需要辛勤打拚，奔波賺錢，比較勞碌，工作環境很不穩定。例如貪狼坐命的人，財帛宮是破軍，自然要到外面去打拚，而不喜歡坐在辦公室裡。其他如財星和福星陷落在財帛宮的人，工作也較勞碌。或是命宮居『寅』、『申』、『巳』、『亥』宮的人，也是勞苦辛勤好動不得閒的人，會從事東奔西跑、出差多、調差也多的工作，例如做業務員、常調防的軍警人員、常跑機場出國的商人、學者、政治人物或報關業物的人員等等。

星曜在財帛宮所代表的意義與適合的工作

紫　微　星：當財帛宮中有紫微星時，紫微星不主財，但平和祥順，屬於陰財，隱藏的財。財帛宮中有紫微星的人，比較會存錢，而且愈積愈多。你們是廉府坐命的人，一生財運平和，有餘錢可投資古董、房地產、有價證券。

適合工作：公職、軍警職、政治人物、政府官員、財經、貿易、金融人員。

紫府同宮：當財帛宮中有紫微、天府時，你是廉相坐命的人。你們一生財運穩當，

紫微幫你找工作

你是一板一眼的人，適合做公職，或選派聘請的董事長、經理、屬於管理階級的人。你們的錢財是靠薪水一點一滴的積存而來，其人天性節儉，故能積富。

適合工作：公職、軍警職、大企業的主管階級，管理人才。可從事金融業、銀行業、工廠老闆等職。

紫相同宮：當財帛宮中有紫微、天相時，你是廉貞坐命的人，你對自己的財務很會經營、企劃，你必會做公職，或以技術為本位的事業，使自己在平安、順利中大進錢財，你很勞碌，花錢很凶，所幸你很會賺錢，機會也不差，故一生錢財順利。

適合工作：公職、軍警職、專業技術人員、如律師、電子工程、水電工程等等。

紫貪同宮：當財帛宮中有紫微、貪狼時，你是廉殺坐命的人。你的工作很辛苦，賺錢也很努力。雖不多，但在錢財上是有好運的人，常有意外的津貼出現，如父母長輩的賜與等等，因此你們的生活還是在中等以上的環境裡。

適合工作：軍警職、公職、薪水階級、律師、法官、律政人員、工職等。

紫殺同宮：當財帛宮中的有紫微、七殺時，你是廉破坐命的人，你一身是膽，在工作上更是拚命三郎，不做軍警職是太可惜了，再則你賺錢與工作的方式是職高、有權威的方式，因此做軍警可掌權。在官祿宮又有暴發運可立奇功。

適合工作：軍警職、公職、傳播界、電視台、警政要員、政治人物、媒體工作者、運輸業。

紫破同宮：當財帛宮中有紫微、破軍時，你是廉貪坐命的人。你花錢的本領比賺錢的本領大，而且很懂得享受。但是你是必須勞苦工作才能賺到錢的人，做文職和輕鬆的的行業都是財運困難，生活不穩定的情況。因此你最適合軍警職了。

適合工作：軍警職、工職、無賴。

天機星：當財帛宮有天機星的人，你的金錢運都會呈現浮動的現象，你在工作上也多會選擇機巧，靠智慧、思慮活躍的方式去工作賺錢。這種方式有時候很好，有時候金錢運就不靈光了，你們是『機月同梁』格的人。

◎當財帛宮中的天機星在『子』宮或『午』宮居旺時，你是太陰坐命的人。你們多半會選擇做演藝人員、文職、藝術類的工作。

◎當財帛宮中的天機星在『丑』宮或『未』居陷時，你是巨門坐命的人。你們多半會推銷員、經銷商、仲介業、保險業、傳銷事業、金錢進出不穩定。

◎當財帛宮中的天機星在『巳』或『亥』宮居陷時，你是空宮坐命有陽梁相照的人。你們會做自由業、記者、奔波各地的學者、攝影家、算命等等。

◎當財帛宮中的天機星與羊陀、火鈴、化忌、劫空同宮時，你事業上的變動更大，工作做不長久，或賦閒遊蕩。

適合工作：公職、演藝人員、文藝、藝術家、推銷員、經銷、仲介等人員、保險業、傳銷事業、政治人物、自由業、記者、學者、攝影家、算命等職業。

機陰同宮：當財帛宮中有天機、太陰時，你是天梁坐命的人。你們具有『陽梁昌祿』格和『機月同梁』格，會做公職人員。在命、財、官三合處有化權、化祿、化科的人，會一步步走上官途此格是主貴的命格。你們的金錢運雖因工作高低而有調整因此做公職最適合，你們靠薪水增貴增富也算是薪水階級的人。

適合工作：公職、文職、學者、教書、政府官員、大企業管理人員。

機梁同宮：當財帛宮中有天機、天梁時，你是靠智慧、策劃和經驗再加上口才來賺錢的人。你是空宮坐命有陽巨相照的人。你命格中有『武貪格』，有多次暴發運的機會。有化權、化祿在財帛宮中的人賺錢比較容易，也較會擁有大財利。你們無論做公教職、軍警職、做生意都可以。因命格主要還是『機月同梁』格，故做公職或薪水階級，在暴發運後產生暴起暴落時，會較穩當。

適合工作：公職、教職、軍警職、生意人、機要秘書、發明家、奔波各地的經銷推廣人員、培訓管理人員、補習班老師等職。

機巨同宮：當財帛宮中有天機、巨門時，你是空宮坐命有日月相照的人。你也是『機月同梁』格的人，必須做公職、薪水階級。機巨雙星都不主財，為研究學問有名聲辛勤工作而得財。若文昌星與祿星的角度好，形成『陽梁昌祿』格，你會在學術界有一席地位。你的工作多半與學術、技術有關。

適合工作：公職、文職、學者、教書、音樂家、藝術家、科技性實驗開發工作、水電工程、機械工程、核能電廠、雷射技術專門行業。

太陽星：當財帛宮中有太陽星時，你是操勞忙碌於工作，為賺錢努力打拚的人。若太陽居旺時，你的金錢運順暢，工作雖辛苦但是做得很愉快，若太陽居陷時，操勞特甚，金錢運不順，賺錢不容易。凡有太陽在財帛宮的人，都有『陽梁昌祿』格，利於參加高考、普考、國家檢定考試，能得到好成績，做公職。

◎當財帛宮的太陽星在『子』宮或『午』宮時，你是巨門坐命的人。你們可以競選民意代表、做政治人物、教書、做軍警職。

◎當財帛宮的太陽星在『辰』宮或『戌』宮時，你是空宮坐命有同梁相照的人。你的外表溫和，喜歡幫助及照顧人，做公職或服務業、軍警職都佳。

◎當財帛宮的太陽星在『巳』宮或『亥』宮時，你是太陰坐命的人。你的『陽梁昌祿』格剛好在『命、財、官』的三合地帶，是極容易有考運和升官運的人。再有化權、化祿、化科進入這三合地帶，做學者、政府官員、大企業的領導者，功名富貴極旺。

適合工作：公職、教職、軍警職、政治人物、民意代表、大企業負責人、工廠老闆、電子、電器相關行業、石油、酒類相關行業、科技類相關行業。

陽梁同宮：當財帛宮中有太陽、天梁時，你是空宮坐命有同巨相照的人。你必須有文昌及祿星在財帛宮及其三合處，才能形成『陽梁昌祿』格，會有考試運可增貴，做公職。若不能形成格局者，你多半是靠長輩貴人的提拔給你一份工作。命宮在『未』宮的人，工作運、財運都好。命宮在『丑』宮的人稍差。

適合工作：公職、軍警職、教職、悠閒的職業、文職。

日月同宮：當財帛宮中有太陽、太陰時，你是天梁坐命『巳』宮或『亥』居陷落位置的人。你的貴人運很差，沒有長輩的提攜，你多半自已去找工作。天梁坐命『巳』宮的人，是做賺錢穩定，職位不高的工作。天梁坐命『亥』宮的人，是做虛有其位，金錢不多的工作。你們適合做文職。

適合工作：公職、薪水階級、文職、做軍警職也是文職性的工作。

陽巨同宮：當財帛中有太陽、巨門時，你是空宮坐命有同陰相照的人。你喜歡做與口才、人際關係的有關的工作。你天生有智慧謀略，但實行能力與毅力不足，做事容易半途而廢，多努力會有好成績。你還會有『偏財運』來幫你。

適合工作：公關性質的工作、推銷員、經銷商、仲介業、房地產銷售、直銷行業、保險業、培訓服務人員的工作。

武曲星：當財帛宮中有武曲星時，你是紫府坐命的人。你的財帛宮和福德宮相照成為『武貪格』，有極大的暴發運和偏財運，每七年發一次，事業與財富宮齊旺，不但手邊富裕，本命裡也財多。因此你始終是最有錢的富人。你多半會做與金錢有關的行業，例如在金融機構上班，或是做生意，事業順利，財富一流。

適合工作：公職、財經機關任職、金融機構、銀行工作、做生意、五金業、房地產業、進出口貿易業、加工再出口行業、旅遊業、珠寶業、貴金屬業、股票、期貨操作等業。

武府同宮：當財帛宮中有武曲、天府時，你是紫相坐命的人，你做事非常的有計劃，也會有特殊的技術在身，對於賺錢是輕而易舉的事。你熱愛工作，追求理想，境界很高，而且從不放鬆，故而事業會有一定的水準，是高薪資、高所得的人。

適合工作：公職、科技類行業如電子、電器、電腦等。技術性行業、如機械製造業、造船業、水電工程業、建築業等。

武相同宮：當財帛宮中有武曲、天相時，你是紫微坐命的人，你一生規規矩矩，賺錢的方式也是循規蹈矩，朝五晚五，很辛勤的努力負責。因此會得到很好的評價，及長輩的愛護。你不須東奔西跑的找工作，自然會有工作來找你，而且你勝任愉快，是職位高，收入好的高薪階級。

紫微幫你找工作

適合工作：公職、政府官員、政治人物、公司負責人、科技技術專業行業、房地產業、金融業、珠寶業、電子業等。

武殺同宮：當財帛宮中有武曲、七殺時，你是紫破坐命的人。你一生很勞碌，事業起伏很大，多半從事付出體力很大的工作，例如工職，你們是藍領階級的中堅人物，職位不高，若多勞動賺錢也能有好的收入。

適合工作：軍警職、船舶建造維修工作、碼頭工作、建築工地工作、舖設馬路、建造橋樑工作、鐵工廠、兵工廠、安全人員、調查局人員、獄政人員等。

武破同宮：當財帛宮中有武曲、破軍時，你是紫貪坐命的人。你是一個會做官、會享受，但不會管理錢財的人。因此金錢運常不佳。賺錢很辛苦，破財又多、沒法子存錢。你自己的財運不佳，但在軍警職中可管理財政，但也是辛苦。

適合工作：軍警職、軍警職中管理財政人員、公職、政府官員、保安人員、調查局人員、工程人員、企業主管等。

天 同 星：當財帛宮中有天同星時，你是『機月同梁』格的人，以做公職或薪水階級的上班族為主，生活穩定平靜，當天同星居旺時，你的工作能為你帶來豐厚的收入，生活快意。天同居平陷之位，是辛勞賺錢不多的工作。

但你也不能常換工作，以防有青黃不接的時候。

◎當天同為財帛宮在『卯』宮或『酉』宮居平陷之位時，你是天機坐命的人。本命和財帛宮都居陷時，故一生手邊可用的錢不多，你們常因情緒善變而辛勞，工作上是非又多，但是你們有『武貪格』暴發運，不發在錢財上，也可爆發在工作上，會有好機會。

適合工作：文職、公職、薪水階級、出版業、文化業、記者等。

◎當天同為財帛宮在『辰』宮或『戌』宮時，你是機陰坐命的人，你一生很動盪，喜歡東奔西走的工作。你也一定會做像公務員一般形式的工作，但常出差、調防或是在工作場所變動的環境上班。

適合工作：軍警職、政治官員、巡查員、演藝人員、歌舞團、藝術家、船員、大眾運輸系統、航空公司服務人員等等。

◎當天同為財帛宮在『巳』宮或『亥』宮居旺時，你是機巨坐命的人。你一生多半為研究學問的人員，會做公職或教職，是職位清高，收入不錯的人。就是做軍警職，也會在軍警大學或研究機構任教，職高財佳。

適合工作：軍警職、公職、教書、高科技研究人員、學術研究人員、醫學病理、藥理化驗人員或研究人員等。

紫微幫你找工作

◎當天同與羊陀、火、鈴、劫空同在財帛宮時，工作中能賺到的錢財少，一生波折，不能如願。

同陰同宮：當財帛宮中有天同、太陰時，你是機梁坐命的人，同陰在『子』宮時，天同、太陰居旺，你是有官格的人，可有高職位、高收入。同陰在『午』宮時，同陰居平陷之位，你是辛勞而收入不佳的人。雖然你們都是『機月同梁』格。一個是政府首長的機要秘書軍師爺，一個只是政府小吏，差別很大。

適合工作：公職、文職、政府官員、首長機要秘書、文職公務員、學術單位主管、醫學研究人員、中醫師、婦產科醫師、中藥房、五術人才等。

同梁同宮：當財帛宮中有天同、天梁時，你是天機坐命『子』宮或『午』宮的人，你也是『機月同梁』格的人，由其是財帛宮中有同梁雙星，你必須為人服務，自己無法做生意或做事業，否則會有起伏不定的狀況。你們多半會做公職或在大企業中上班，做一個勤奮的薪水階級，你們的頭腦聰明，工作會進行順利。

適合工作：軍警職、公職、大企業職員、記者、傳播業、廣告公司、電視台、演藝人員、設計企劃人員等。

同巨同宮：當財帛宮中有天同、巨門時，你是天機坐命『巳』宮或『亥』宮的人，本命與財帛宮都在陷位、工作運不佳、財運也困難，你也是『機月同梁』格的人，若文昌曲與祿星的角度好，形成『陽梁昌祿』格，參加高考、普考會考運不錯，做公務員薪資穩定。

適合工作：軍警職、公務員、大企業職員、記者、傳播業、出版業、文化業、設計企劃人員、廣告公司、演藝人員。

廉貞星：當財帛宮中有廉貞星時，你是武府坐命的人，對於錢財你很會打理計劃，對於工作也有自己的深謀遠慮，因此你是個善於經營自己的人，你會做與金錢有關的公職行業，如銀行、財經官員、金融機構管理人員等職。

適合工作：公職、商人、財經官員、金融機構主管、銀行主管、證券公司、期貨公司、公司負責人等職。

廉府同宮：當財帛宮中有廉貞、天府時，你是武相坐命的人。你在工作上很有責任感，也善於利用人緣來賺錢。你的財運很順暢，工作運更好，有長輩貴人會給你很大的輔助，是職位高，收入多的好命人。

適合工作：公職、教書、餐飲業、衣飾業、公司負責人、教育機構、校長、企管人員、銀行、金融機構主管。

廉相同宮：當財帛宮裡有廉貞、天相時，你是武曲坐命的人。你是信守言諾負責任的人，本命裡又有『武貪格』暴發運，常暴發在事業上，會給你帶來很大的財富和高地位。你適合做軍警職或做生意人。

適合工作：軍警職、從商、進出口貿易業、五金類、股票期貨操作、服飾業、金融產品買賣、銀行工作、礦類生意、珠寶業、鋼鐵、機械製造買賣。

廉貪同宮：當財帛宮中有廉貞、貪狼時，你是武殺坐命的人。廉貪同宮時，都居陷位，因此財運不佳。你們是工作辛苦，必須極度打拚才能賺到錢的人，此種命格常在許多軍警人員的身上看到。普通人也會做付出勞力很大的工作。

適合工作：軍警職。不適合做生意，很快就倒閉了。電子加工廠、運輸業、搬運工、建築工地、大型機器操作員、控土機操作員、鋼鐵工廠、打撈工作等。

廉殺同宮：當財帛宮中有廉貞、七殺時，你是武破坐命的人。對錢財管理不好，常有破產之虞，形成暴起暴落。但一生有多次暴發運，又多次起落，故人生是不平靜的。你們適合有固定的職業，因個性較剛，故就武職有大發展。做生意人也好，但會『暴起暴落』，宜專業技術人才。

適合工作：軍警職、生意人（會破產）、電子業、機械設計製造業、電器用品業、危險特技行業、股票、期貨操作、機械操作員、運輸業等。

巨門星：當財帛宮有巨門星時，你必定是白手起家，在熱鬧的地點生財的人。但必須要小心貪念或驕傲自大帶給你的敗局，在錢財上有是非多的問題，也會有信用破產的問題出現。

◎當巨門為財帛宮居『子』宮或『午』宮時，你是太陽坐命『辰』宮或『戌』宮的人，你們是『機月同梁』格的人，做公職較好，或固定的上班族為人服務較佳，做政治人物、民意代表都會大有發展。

◎當巨門為財帛宮居『辰』宮或『戌』宮時為陷落，你是空宮坐命有機陰相照的人。若有文昌星及祿星在四方三合處照守再會合本命格的『機月同梁』格，可做高級公務員，參加公職考試，擁有官格。會有穩定的薪水收入。若無『陽梁昌祿』格的人，只是一般的薪水階級，金錢運不佳，常有斷炊之險，必須注意了。

◎當巨門星為財帛宮居『巳』宮或『亥』宮時，為居旺，你是天同坐命『卯』宮或『酉』宮的人。你本命中雖然是福星居陷必須操勞，金錢上是非又多。但是你們是擁有『武貪格』暴發運的人，因此常有錢財異軍突起之勢，但要小心貪念和自大狂造成破敗。適合有穩定的職業。

適合工作：公職、軍警職、政府官員、政治人物、民意代表、技術性行業、教師、補習班、仲介業、房地產、保險業、直銷事業等。

天府星：當財帛宮中有天府星時，你一定是天相坐命的人。你們一生循規蹈矩，做事肯負責，講究原則，對錢財小心吝嗇、管理能力極佳。你們大多會做公職或大企業中管理財務部門的主管，按步就班，一步步爬上經理主管階級。

◎當天府為財帛宮在『丑』宮或『未』宮時，你是天相坐命『巳』或『亥』宮的人，你們較會做奔波性強的薪水階級，錢賺得不少，職位需看情況而定，例如做查稅員，收帳員等等。

◎當天府為財帛宮在『卯』宮或『酉』宮時，你是天相坐在『丑』宮或『未』宮的人，你們通常都是職位低，必須要有固定職業，才有收入。大都會做工職，技術人員、場務工、垃圾處理、環保工作等等。

◎當天府為財帛宮在『巳』宮或『亥』宮時，你是天相坐命『卯』宮或『酉』宮的人。你本命和財帛宮都是中等在『得地』之位。做公務員、政府機關小主管、會得心應手。

適合工作：公職、軍警職、大企業職員、管理人才、企管人員、石油公司、郵局、清潔處理單位、船員、機械維修人員、查稅員、稅務機關、會計事務所等。

太陰星：當財帛宮中有太陰星時，太陰必須居旺，才會財運好。太陰陷落的人，還是常常錢財不順，而且所做的工作是辛勞賺錢不多的行業。太陰居旺的人最適合在銀行機構、金融機構做事、天天與金錢為伍，自己也會頗有積蓄。太陰陷落在財帛宮的人，則不適合數鈔票，會有賠錢之虞。你們都屬於『機月同梁』格的人，因此要做固定的上班族，生活較穩定。

◎當太陰為財帛宮在『卯』宮或『酉』宮時，你是天梁坐命『丑』宮或『未』宮的人，你們亦有『陽梁昌祿』格，可參加公職考試做公務員。太陰在『酉』宮為財帛宮的人，事業發展性很大，有官格，亦可做企業負責人。

◎當太陰為財帛宮在『辰』宮或『戌』宮時，你是同梁坐命的人，也是『機月同梁』格的人，做服務類性質的工作較佳。太陰在『戌』宮居旺，你做公職在政府機構還可做個小主管。太陰在『辰』宮居陷的人，可能一生漂蕩，辛勞而事業不穩固。

◎當太陰為財帛宮在『巳』宮或『亥』宮時，你是陽梁坐命的人。若有文昌星及祿星的角度好，再有太陰居『亥』宮旺位，你則是財官雙美的人。若是太陰居陷，你必是陽梁坐命酉宮的人，一生漂泊、先勤後懶、日月反背，會一事無成。

適合工作：公職、軍警職、學者、教書、服務業、酒店、餐廳、旅館、演藝人員、聲色場所工作、機關服務人員、出版業、文化業等。

貪狼星

當財帛中有貪狼星時，你必是七殺坐命的人。你一生在錢財上有好運，雖然工作努力辛苦，但總有機會暴發。如果財帛宮之對宮福德宮有武曲星則可形成『武貪格』，有火星、鈴星則可形成『火貪格』、『鈴貪格』，都是能暴發極度大財的暴發運，縱然不能形成暴發格，也會有小的好財運產生。因此七殺坐命的人沒有不富的。

◎當貪狼為財帛宮在『子』宮或『午』宮時，你是七殺坐命『辰』宮或『戌』宮的人，你會做高級公務員、有官格。有技術性專業技術能在身，一生是權高財大的格局。適合在政府建設局，工程部門工作。亦或是民營大企業之工程部門主管。

◎當貪狼為財帛宮在『寅』宮或『申』宮時，你是七殺坐命『子』宮或『

午』宮的人，你一生勞碌，喜歡賺錢，比較適合做生意。

◎當貪狼為財帛宮在『辰』宮或『戌』宮時，你是七殺坐命『寅』或『申』宮的人，命格是『七殺仰斗』格或『七殺朝斗』格，一生具有權威及暴發運。做武職會功業彪炳，你們是富貴同高的人。

適合工作：公職、技術性官僚、大企業集團之工程部門主管、做生意、電子業、五金業、機械器材業、鋼鐵業、水電工程業、建築工程業、船舶建造維修、鋪設電線電纜工程、刀劍買賣等行業。

天相星：

當財帛宮中有天相星時，你們都是空宮坐命的人，你們會因命宮對宮主星之影響不同，而有不同的賺錢方式，但大體上來說都有手邊充裕，生活富足的徵兆。

◎當天相為財帛宮『丑』宮或『未』宮時，你是空宮坐命有廉貪相照的人。若命宮中有文昌、文曲、天魁、天鉞進入，你是有點懦弱人緣不好，但長相清秀的人。若有陀羅、劫空進入命宮，你是性格不良，人緣又不好的惡質人類。你們只適合做軍警職，否則會一生無所視事，一事無成，只靠家人、朋友接濟。

◎當財帛宮為天相在『卯』宮或『酉』宮時，你是空宮坐命有武貪相照的人。你一生有多次暴發運，若有火星、鈴星進入命宮的人，會有雙重暴發運，可獲得極大的財富。但要小心逢廉破運程時的敗落。你們適合做軍警職、生意人。

◎當財帛宮的天相在『巳』宮或『亥』宮時，你是空宮坐命在『卯』宮或『酉』宮有紫貪相照的人。你的事業能給你帶來極大的財富、命宮中有文昌、文曲星的人，是外表俊俏的老好人。命宮中有擎羊、劫空的人，做事有成敗起伏。命宮中有火星、鈴星的人有『火貪』、『鈴貪』格，能大發財富。你們最適合軍警職行業，因一生破耗多，只是手邊金錢順利，但操勞辛苦享不到福。做技術性的工作也會較好。

適合工作：軍警職、商人、公職、外科醫生、婦產科醫生、獸醫、裁切類工作、市場肉商、超級市場分裝肉品工作、電子業、電纜舖設、電器業、法警、獄政人員等。

天梁星：當財帛宮中有天梁時，你們是容易具有『陽梁昌祿』格的人，會做公職、教職、文藝類的工作，是工作內容高尚，名聲好聽，按部就班往上爬，賺錢並不是很多的一種方式。

◎當天梁為財帛宮在『子』宮或『午』宮時，你是天同坐命的人，你會參加公職考試做公務員，或考進大企業做固定的薪水階級，生活清高舒適。

◎當天梁為財帛宮在『丑』宮或『未』宮時，你是太陽坐命的人，你適合做軍警職、公職。你們具有『武貪格』暴發運，能掌握時機、財富與事業都會上升。

◎當天梁為財帛宮在『巳』宮或『亥』宮時，你是空宮坐命有機巨相照的人。因天梁陷落的關係，財運不佳，你的工作更形清高，也有起伏不定的狀況。命宮中有昌曲的人，適合在學術機構、圖書館工作。命宮中有擎羊、劫空的人，適合做醫學、手術方面的工作。

適合工作：公職、軍警職、教職、文藝性的工作、郵局、電信局人員、銀行行員、金融機構職員、學術機構、圖書館、醫院、醫學研究、醫學手術工作等。

七殺星：當財帛宮中有七殺星時，你是破軍坐命的人，你必須勤勞打拚才能賺到錢。愈辛勞的人愈有錢。但命宮中有昌曲進入或相照的人，會一生貧困，且有水厄。

◎當七殺星為財帛宮居『子』宮或『午』宮時，你是破軍坐命『辰』宮或『戌』宮的人，你會做公職、軍警職，掌大權，愈奮鬥錢愈多，官位愈大。

◎當七殺星為財帛宮居『寅』宮或『申』宮時，你是破軍坐命『子』宮或『午』宮的人，你們有『武貪格』暴發運，做軍警職或做生意，做傳播界都是很好的人才，會有很好的運氣和財氣。

◎當七殺星為財帛宮居『辰』宮或『戌』宮時，你是破軍坐命『寅』宮或『申』宮的人，你們打拚的程度不如前面兩種命格的人，因此你們會做穩定的薪水階級，工作依然辛苦勞碌、生活力求富足而已。做公職、軍警職是最佳考量。

適合工作：軍警職、公職、傳播界、生意人、運輸業、貨櫃員、拆船業、電子業、市場買賣業、電器商、船員大眾運輸系統工作、維修機械工作、雜亂無章重新再組合裝配的工作等。

破軍星：當財帛宮中有破軍星時，你是貪狼坐命的人。你在錢財上很愛打拚，但往往破耗多，你也是個不太會管理錢財的人，亦有浪費的習慣。你只會拚命的去賺錢，卻不知節流的重要性。因此你縱然有許多賺錢的好運，但金錢運始終起起伏伏。

◎當破軍為財帛宮居『子』宮或『午』宮時，你是貪狼坐命『辰』宮或『戌』宮的人。你有『武貪格』偏財運，能暴發極大的財富成為富人。命宮再有化權、化祿同宮時，財富、權位更大，有億萬之資。做軍警職為高官。做生意人能成為富商巨賈。

◎當破軍和財帛宮居『寅』宮或『申』宮時，你是貪狼坐命『子』宮或『午』宮的人。你們一生好運，若命宮有火、鈴來會照，也會有極大的暴發運，偏財運。你們會做軍警職、文化工作、從商。

◎當破軍為財帛宮居『辰』宮或『辰』宮時，你是貪狼坐命『寅』宮或『申』宮的人，你會做公職或軍警職、法官之類的工作。

適合工作：公職、軍警職、生意人、經銷業、進出口貿易、文化業、出版業、書店、校長、教書、補習班、法官、律師、運輸業、電子業、電腦用品業等。

文昌星：當財帛宮中有文昌星時，你賺錢的方式比較文雅。多半會從事與文化有關的行業。文昌居旺時，你是工作順利、文化氣質高、賺錢很多的人。文昌在寅、午、戌宮居陷時，你是有名無利的文化工作者。若文昌星與破軍同宮或相照時，你一生較貧寒，會是一寒士，且有水厄。

◎當財帛宮中有文昌、巨門雙星時，你是做文化工作中以口生財的人，如教師、藝廊、展覽館解說員等等。

紫微幫你找工作

◎當羊、陀、火、鈴、劫空與文昌同宮時，你是寒儒學士之流。

適合工作：出版業、公職、文化業、金融機構、銀行行員、藝術家、畫家、學者、研究人員、教師、藝廊、展覽館解說員、銀行職員、大企業職員等等。

文曲星：當財帛宮中有文曲星時，你賺錢的方式會靠人緣、口才來尋找文職性、藝術性的工作。當文曲居旺時，你有貴人相助生財，工作非常順利，財運良好。若文曲居陷時，破耗太多，且無法生財。有羊、陀、火、鈴、劫空同宮時，不聚財，且進財不順利，常有工作拿不到薪資的問題。

適合工作：保險業、仲介業、房地產業、畫廊、藝術產品公司工作、劇團、演藝人員等等。

左輔、右弼：當財帛宮中有左輔、右弼星時，會有很多人幫你賺錢、工作，你可以做一個主管級的人物。做軍警人員容易升大官。做保險業、工廠老闆、公司負責人，都是有良好的人緣關係，有人會為你賣命、替你賺錢。

天魁、天鉞：當財帛宮中有天魁、天鉞時，你會做公職或教書先生，或在學術研究機構工作，在清高中生財得地位。一生富裕快樂。

祿存星：當財帛宮中有祿存星時，你對銀錢很會看管，只進不出。很節儉，又會儲蓄。你比較會做公職、軍警職、教職或大企業中的職員。財富漸積而成富翁。當有火星、鈴星、劫空等星與祿存同在財帛宮時，會先無後有或先有後無。總是有一段辛苦歷程。

擎羊星：當財帛宮中有擎羊星時，必須到熱鬧或雜亂的地方生財。賺錢工作是非常辛苦的事。如做軍警職較好，會減低辛勞度，也會錢財順利。若做與刀有關的行業如外科醫生、婦產科醫生、獸醫、肉販、屠宰業亦佳，但必須是擎羊居旺位才會做得到。擎羊居陷位的人，一生遊手好閒，工作不順利，財運不佳。（這是以擎羊單星來論的）

陀羅星：當財帛宮後有陀羅星時，你必須做軍警職。做文職或做生意都有金錢拖延不進的困擾，也有不聚財、破財多的問題。若已經做文職、生意的人，需在熱鬧的場所工作，較會有好的生財之道。

火星、鈴星：當財帛宮中有火星、鈴星時，你會有或多或少的橫財。若能形成『火貪格』、『鈴貪格』的人，暴發偏財運的機會很大能成為富翁。但有暴起暴落之現象。必須做軍警職、武職工作、生意人也會發。但你們會因賭而敗落。

火星、鈴星居人陷位時，只是賭些六合彩、大家樂的閒人，工作運不好，或只能做些臨性時的工作。

天空、地劫：當財帛宮中有天空、地劫時，你的財運常不順利，會有延遲進財、或左手進右手出，成為過路財神的情況。破耗太多，也使工作不順利。你最好做薪水階級較穩當。

天姚、咸池：當財帛宮中有天姚星時，你的財運會有增加，但也花費在酒色方面的錢財多，亦是破耗。

當財帛宮中有咸池星時，咸池為『桃花煞』，無法增財，只是喜在酒色中耗財而已。

化權星：當財帛宮中有化權星時，能增加工作上的賺錢能力，並能升級高職掌管錢財。若在金融機構工作或主掌財務的人最為有力。能使自己的薪資和財富增加。適合做主管級、負責人等工作。

化祿星：當財帛宮中有化祿星時，能增加人緣度與工作賺錢的能力。適合在金融機構、銀行或財務單位工作，與錢接近，也容易成為富人。你們會是有理財能力的人，金錢運、工作運都是一流的人才。

化科星：當財帛宮中有化科星時，能增加工作賺錢的能力，但不如前二者強，你們較會從事文化事業與在環境優雅高尚的地方工作。財運平實還不錯。

工作能力強，理財能力較佳。

化忌星：當財帛宮中有化忌星時，工作與進財都受到牽制，一生錢財不順利，常有是非、困難，會有支票退票，信用不好的狀況，須要小心。財富亦有不能聚財，破耗很多、理財能力不佳的狀況，不適合做生意，只適合軍警職或為人服務、薪水階級的行業。

第六章 從個人享受看你適合的行業（從福德宮看適合的行業）

福德宮通常一般人都以為是看個人享受的宮位。其實福德宮所包含的意義甚廣。福德宮可看出一個人的精神狀態，是不是穩定或神經質的人。精神穩定的人做事較積極，思想較密實。工作時較能奮發持久。福德宮也可看出一個人的智慧水準。還有勤勞、懶惰的積極性，勞碌奔波的型式。壽命的長短，能得到財富的多寡，一生富貴貧賤、事業上的成敗，都在福德宮中顯現無遺。

因此福德宮看你適合的工作，其實也是最恰當、最有準確性的宮位了。

當下列星曜在福德宮所代表的意義與適合的工作

紫微星：當福德宮中有紫微星時，你是七殺坐命在『辰』宮或『戌』宮的人，你一生有好運，會做公職或政治人物。你會很熱心公益事務、愛幫助人、人緣好、具有官格。是財官雙美的格局。自己做事業也會做大企業，公司的負責人之職。

紫微幫你找工作

紫府同宮：當福德宮中有紫微、天府時，你是破軍坐命『子』宮或『午』宮的人。你適合做生意人或武職，命格中有『武貪格』會有暴發運。工作時很有衝勁，事業會做得很大。是財官雙美格局的人。做生意時，財的來源和應用都很好，並有暴發運可助旺暴發在事業上。你可以做大公司老闆、公司負責人，從事貿易進出口及電子類、運輸類、海運、海產方面的經營。

紫相同宮：當福德宮中有紫微、天相時，你是貪狼坐命『寅』宮或『申』宮的人，你適合穩定的公職、或軍警工作，做教育工作也很好。你很愛思考及企劃事務。在忙碌的生活中，你永遠可以保持優雅的態度應付人生。

紫貪同宮：當福德宮中有紫微、貪狼時，你是天府坐命『丑』宮或『未』宮的人。你適合做軍警職或公職中管理財務的機構任職。你會任勞任怨，而且是很會做官的人，也必定有官職在身。一生是職位清高，財運順暢的狀況，但也勞碌一生。

紫微幫你找工作

紫殺同宮：當福德宮中有紫微、七殺同宮時，你是天相坐命『卯』宮或『酉』宮的人，你是操勞喜歡管事的人，性格剛強，自視很高。一生有多次暴發運，人生是起伏不定的狀況。你們可以做公職或大企業中主管級的人物。做軍警職也是最好的出入。生活是辛勞而穩定的型式，退休時才會享清福。

紫破同宮：當福德宮中有紫微、破軍時，你是空宮坐命有廉貪相照的人。你只適合做軍警職，做其他的行業不耐久，而且容易成為遊手好閒的人，若有陀羅、地劫在命宮，或有化忌相照命宮的人，一生是非糾纏多，容易走入歧途，不務正業。

天機星：當福德宮中有天機星時，你是性格機巧的人，足智多謀，但性情善變。你們喜歡追求新知識與資訊，對很多事具有好奇心，因此也比較容易進步。

◎當福德宮的天機星居『子』宮或『午』宮時，你是太陽坐命『辰』宮或『戌』宮的人。你屬於『機月同梁』格的人，因此做公職、軍警職最適合。你一生操勞，會在固定的單位工作，而工作內容型態都是常變化的。

◎當福德宮的天機星居『丑』宮或『未』宮時居陷，你是太陽坐命『巳』宮或『亥』宮的人。你一生操勞的程度加劇，外界的是非口舌，和你內心的沈悶相互作用，是一個身心都不清閒的人。你適合做公職和軍警職。若文昌及祿星的位置角度好，你們可擁有三種格局，包括『陽梁昌祿』格、『機月同梁』格、『武貪格』等，在事業上衝刺很有發展。雖然命格在『亥』宮的人，會有在男人團體中無法表現的痛苦，但只要努力克服自己內心的障礙，還是會有成就。亦或是從文職在環境中女人較多的地方工作，事業較為順利。

◎當福德宮中的天機星在『巳』宮或『亥』宮時，你是陽梁坐命的人。你命格裡就是『陽梁昌祿』格的基本型態，有考試運、讀書運。天機居『巳』宮的人，一生會努力不懈，無福可享。做政府官員，職位高，收入好。天機居『亥』宮的人，命格中有『日月反背』的現象，容易先勤後懶、衝勁不足、財運也不佳。辛勞的只是東奔西跑為生活奔忙的事物，無法在事業上開創高格局。

機陰同宮：當福德宮中有天機、太陰時，你是太陽坐命『子』宮或『午』宮的人，你的命格中具有『機月同梁』格和『陽梁昌祿』格二種格局。做公職、軍警職是最佳選擇，可以升高官及薪資穩定。你一生中工作環境常變換，或因駐防或因調職，或因升官。你是一生操勞，雖有福享，但總是憂心忡忡的人，也可說你是有先見之明的人吧！

機梁同宮：當福德宮中有天機、天粱時，你們是真正具有『機月同粱』格的人，當然要做固定的上班族或公職為佳。你們是陽巨坐命的人。智慧很高，能洞悉事務的內容，也懂得輕鬆享福，雖然工作形式仍是東奔西走的忙碌著，也是最會享受休閒快樂的人。你們適合做人際關係的工作，如公關主任、銷售人才、經銷商、仲介業、房地產銷售工作、保險業、直銷事業等。

機巨同宮：當福德宮中有天機、巨門時，你是日月坐命的人，你一生忙碌無福可享，勞心勞力，思慮過多，擁有好奇心與疑惑心態，對任何事都不往好處去想，自已情緒又起伏太大，是故無法享福。你們適合做藝術類的工作追求完美，也適合做學術研究追求真理。或做醫院中的工作尋找病因，藥物實驗工作創造新藥等等。

太陽星：當福德宮中有太陽星時，太陽居旺，你是福份厚，有男人緣的人，雖然你如太陽般忙碌，但是生性豁達開朗。太陽居陷時，你的辛勞加倍，心情不夠開朗，但仍有容人之量，適合做公職或固定的上班族薪水階級。

◎當福德宮中的太陽星居『子』宮或『午』宮時，你是個天同坐命的人。

太陽居『子』宮時，你是命宮和福德宮都在陷位的人，因此勞碌是必然的現象。太陽居『午』宮的人，比較有好運，能享福。你們具有『陽梁昌祿』格和『機月同梁』格，參加公職考試會有穩定的工作，否則也會在大企業中工作，生活穩定。

◎當福德宮中的太陽星在『辰』宮或『戌』宮時，你是同梁坐命的人，你喜歡奔波的工作，和與人群接觸的工作，喜歡變化。因此你必定從事服務業，若做公職也是在處理公眾事務的機關工作，適合做郵局工作、戶政事務所、地政事務所、詢問處、酒店、餐廳、旅館、仲介業、房地產銷售、保險業等。

◎當福德宮中的太陽星居『巳』宮或『亥』宮時，你是天同坐命『卯』宮或『酉』宮的人。你們的命格中若文昌星與祿星的角度好，也會具有包括『武貪格』在內的三種格局，做公職會有突發的好運。你們的事業運並不佳，職位不高，因此薪水階級、穩定的生活才是你們最愛追求的事。適合做郵局工作、政府機構職員、企業職員等。

日月同宮：當福德宮中有太陽、太陰時，你是天同坐命『巳』宮或『亥』宮的人。你是福星坐命的人，命宮又坐『巳』、『亥』宮，因此你是心思變化很快，心忙身閒的人。若命宮或福德宮有化權、化祿星的人，比較會打拚事業，工作上會有成就。若有化忌進入福德宮的人，一生是非糾纏，頭腦不清，可能只是一個心忙身閒的懶人。適合做公職或薪水階級。

陽梁同宮：當福德宮中有太陽、天梁時，你是同巨坐命的人，你一生好命有貴人相助，你的家人父母和配偶就是你的貴人，會給你錢財花用。你並不努力於工作，且可快樂享福過一生，忙碌的都是玩樂的事。你適合薪水階級及臨時性的工作。

陽巨同宮：當福德宮中有太陽、巨門時，你是同陰坐命的人，你一生中是非很多，讓你勞心勞力。你們具有『機月同梁』格和『武貪格』，大多數的人都會在公家機關做事，具有官格。而且在暴發運到時升官。若無升官者，鐵定會爆發財富，中大獎。

你們適合公職、軍警職、大企業主管、銀行主管、金融操作員、或與醫學有關的機構任職。

武曲星：當福德宮中有武曲星時，你是七殺坐命『寅』宮或『申』宮的人。你的性格急躁頑固，是一介武人的命格。命格中又形成『武貪格』暴發運。因此此命也是以做軍警職為佳，會有職高權大、軍政、警政首長之職位。

再則本命又是『七殺仰斗』格，或是『七殺朝斗』格，必須以軍警職主貴。若是做生意也會做與兵器有關的行業，或是金屬、機械、鋼鐵類、電子類的生意。

武府同宮：當福德宮中有武曲、天府時，你是破軍坐命『辰』宮或『戌』宮的人。你是一生操勞，無法享福，直到晚年才有清靜日子的人。你雖然外表豁達爽直，但是內心保守，勞心勞力，對事業很打拚。你適合做公職，做政府官員、政治人物、做政治團體中的領導人。你會有非常多的好運。

武相同宮：當福德宮中有武曲、天相時，你是貪狼坐命『子』宮或『午』宮的人，你除了做軍警職外，文職也很適合，例如做出版業、文化業、藝術方面、教育機構、校長、教育用品等等。你喜歡工作內容富有變化，而工作行業及環境穩定的工作。

武貪同宮：當福德宮中有武曲、貪狼時，你是天府坐命『巳』宮或『亥』宮的人。你們一生很負責、很打拚、喜歡當管家婆管理所有的事。你們性格剛強，外表溫和，也喜歡擔上很多的責任，因此你們在工作時期都是勞心勞力的過一生，一直要到退休才能清閒。你們適合軍警職、公教人員、金融、股票操作員等職。命中有多次暴發機會，做生意人、經營工廠也不錯。

武殺同宮：當福德宮中有武曲、七殺時，你是天相坐命『丑』宮或『未』宮的人。你多會從事付出勞力很多的工作，例如做工職、加工區工作、機械操作員、船員、貨櫃司機、沙石車司機、建築地、或軍警職中兵工廠、砲彈營、工兵單位等等，你們是身體與心力皆勞累交瘁的人，福份淺薄。

武破同宮：當福德宮中有武曲、破軍時，你是空宮坐命有紫貪相照的人，你們一生會到處奔波，做移動性很強很快速的工作。例如軍警中調防密集的機關或船員、飛行員等工作亦或是到處奔波的推銷人員。一生漂泊不安定。

天同星：當福德宮中有天同星時，當天同居旺，你是愛享福，性格較懶散，有福有壽，處世待人通情達理、很世故的人。若天同居平陷，你是懶散而進取心較差的人，比較喜歡忙碌休閒娛樂的事情。你們全屬於『機月同梁』格的人生形態，做薪水階級最好，可享福。

◎當福德宮中的天同星在『卯』宮或『酉』宮時為居平陷之位，你是天梁坐命『丑』宮和『未』宮的人，你們尚具有『陽梁昌祿』格『武貪格』。天同在『卯』宮的人，比較在事業上發展大。你們會做高級公務員、官職、教職、中醫、中藥、社會福利等方面的工作。

◎當福德宮中有天同星居『辰』宮或『戌』宮為平陷時，你是空宮坐命有機陰相照的人。你適合做軍警職或公職，可是你們是一生勞碌奔波的人，工作中常有出差、調差的情況發生。你們也可做循迴演出的藝人或到處奔波的推銷人員，調查局探員等職。

◎當福德宮中有天同星在『巳』宮或『亥』宮時，你是空宮坐命，有機巨相照的人，你多半會做一個清高的公務員或薪水階級，薪資不多，或是清高的學者、研究人員。晚年時因名氣響亮而有家財。你一生打拚、福祿豐厚。

同陰同宮：當福德宮中有天同、太陰時，你是空宮坐命有機梁相照的人，你性格機巧，喜歡用口才來賺錢，常常享福的時間比做事的時間長，你有『武貪格』暴發運。適合做仲介業、保險業、推銷工作、亦可能好賭好色成性，成為只在乎自己享樂，無牽無掛的人。

同巨同宮：當福德宮中有天同、巨門時，你是太陰坐命『巳』宮或『亥』宮的人。你們是情感細膩，容易沈溺在自己情緒中的人，一生是非很多，容易操煩。你們多半會做與金錢有關的行業。如會計、銀行行員、財經機構、文職、文藝工作、房地產業、或是演員行業等等。

同梁同宮：當福德宮中有天同、天梁時，你是巨門坐命『子』宮或『午』宮的人，你們一生是非多，口才好，喜歡做老大照顧別人，但常常又會忘記自己的立場。你們適合做政治人物、民意代表、推銷員、仲介業、保險業、直銷事業等。

廉貞星：當福德宮中有廉貞星時，你是七殺坐命『子』宮或『午』宮的人，你有很強的奮鬥力量，很喜歡打拚做事業。你的性格常善變、嫉妒心也很強，但還能有計劃的忙中享樂一番。你適合做公職或做生意。可做政治人物、官職、運輸業、電子業、競爭劇烈的行業。或做大眾運輸系統的工作、技術性官僚、專業人才等。

廉府同宮：當福德宮中有廉貞、天府時，你是破軍坐命『寅』宮或『申』宮的人，你很喜歡東想西想，內心操煩，但卻是行動力不足的人，實在是心忙身閒的有福人。你適合做軍公教職。

廉相同宮：當福德宮中有廉貞、天相時，你是貪狼坐命『辰』宮或『戌』宮的人，你具有『武貪格』暴發運和偏財運。同時你也是多福多壽的人，因此做軍警職可為高官享厚祿。做生意也會暴發成為大財主。適合做進出口貿易、房地產、股票、期貨操作、金融貨幣操作等行業。

廉貪同宮：當福德宮中有廉貞、貪狼時，你是天府坐命『卯』宮或『酉』的人，你一生很節儉，能用的錢不多，做軍警職較佳。一生勞心勞力的過日子，生活小康。若有祿存在命宮的人，財會多一點。適合做競爭性強的工作，如軍警職、保險業、房地產推銷業等。

廉殺同宮：當福德宮中有廉貞、七殺時，你是天相坐命『巳』宮或『亥』的人。你們一生奔波忙碌，適合做軍警職和政府官員，有官聲。錢財雖順利，但一生無福可享。

廉破同宮：當福德宮中有廉貞、破軍時，你是空宮坐命有武貪相照的人。你的性格堅毅，能刻苦耐勞、做事乾脆。一生有多次暴發運。但人生是大起大落型的格局，一生也是勞心勞力過日子，沒法子定定下來的人。你比較適合做武職（軍警職）。做生意亦可，可做進出口貿易、五金類、電子產品類、機械類、電機類、鋼鐵類、金屬器材類的工作。亦可做股票、期貨、金融商品的操作。（做生意有起落）

天 府 星：當福德宮中有天府星時，你是一個多才多藝的人，很喜歡物質上的享受，有時你很辛苦忙碌，但不失為一個負責任的人。你在忙碌之後必會輕鬆一下，享受一下自己喜愛的嗜好。你們在性格上是對自己大方、對別人小氣的人。一生也能享受到福份。你在命宮中都具有破軍這顆戰星和耗星，人生是奔波動盪型的。能隨遇而安、有特殊嗜好愛享受是你們人生的特點。最適合軍警職或公職。

◎當福德宮的天府星在『丑』宮或『未』宮時，你是武破坐命的人。你是一個大膽而積進的人。適合做特技演員、調查局探員、軍警職、做軍警職中軍需及財務管理亦可。

◎當福德宮的天府星在『卯』宮或『酉』宮時，你是紫破坐命的人。你也是人生極不安定的人，對四周的環境常不滿意，較不適合薪水階級，但奔波工作的薪水階級尚可，例如做船員、飛行員等。其他可做建築業、道路、電纜等舖設工程、工廠老闆、軍警職等。

◎當福德宮中的天府星在『巳』宮或『亥』宮時，你是廉破坐命的人。你是吃苦耐勞、白手成家的人。一生有多次偏財運和暴發運，性格自傲狂妄、容易橫發橫破。適合做軍警業、公職或傳播業、廣告業、電視台、廣播公司工作等職。

太陰星：當福德宮中有太陰星時，你是一個極為浪漫、喜愛文藝的人。你的情緒也易受波動，有悲天憫人的情懷，愛照顧人、同情弱小，是心思細膩、情感豐富、又喜愛學問、學習能力很好的人。你們是『機月同梁』格的人，適合做服務業、教書、金融、銀行業、醫療業等。

◎當福德宮中之太陰星居『卯』宮或『酉』宮時，你是天機坐命『丑』宮或『未』宮的人。你是『機月同梁』格的人，適合做公職和薪水階級。做文職較好，適合記者、設計人員、出版業、文化業等。

◎當福德宮中的太陰星居『辰』宮或『戌』宮時，你是空宮坐命有同梁相照的人。你們也是『機月同梁』格的人，適合薪水階級。更適合服務業、醫療業、餐廳、旅館、酒店、或在安養中心、慈善機構工作。

◎當福德宮中的太陰星居『巳』宮或『亥』宮時，你是空宮坐命有陽梁相照的人。若文昌星與祿星的角度好，具有『陽梁昌祿』格，參加公職考試，會有官格。無法形成格局的人，亦可做公務員、教書、公司負責人、出版業、文化工作、慈善工作等。

貪狼星：當福德宮中有貪狼星時，你們常是個不安現狀、喜歡變化、凡事不容易滿足的人。因此你們一生很勞碌。勞心勞力過一生。你們尤其對金錢有不滿足的狀況，因此財富愈來愈多。

◎當福德宮中之貪狼星在『子』宮或『午』宮時，你是廉府坐命的人。你擁有交際手腕及家財，又有『陽梁昌祿』格，做公職向官途發展極佳，

紫微幫你找工作

你對政治有濃厚興趣，是不滿足現實環境和金錢地位的人。是故會做軍警或高級公務員，成為政府官員。

◎當福德宮中之貪狼星在『寅』宮或『申』宮時，你是武府坐命的人。你向來是有錢的上等人，而且對錢財充滿興趣，很會理財，對一切事物極盡企劃之能事。雖然你一生好運，但對錢財永不滿足。因此會在公家單位管理帳務，或是在金融機構、銀行做主管、與錢財接近，一生勞心勞力，心緒不得安寧。

◎當福德宮中之貪狼星在『辰』宮或『戌』宮時，你是紫府坐命的人。你喜歡做生意，命中又有『武貪格』暴發運和偏財運，你是性格謹慎、保守的人，但對工作、賺錢很有興趣及耐力，因此也常有不滿足感，自我要求很高。你適合做公司、企業的負責人。做進出口貿易、房地產業、金融、股票操作、貨幣操作、儲蓄等都很有本領。縱然從軍職也會管理錢財。

巨門星：當福德宮中有巨門星時，你是操勞不停、無福可享的人。一生是非麻煩不斷，做事常徒勞無功。事業起伏不定，人生是動盪不安型的局勢。你適合做軍警人員會減少是非。若從文職、商職是勞碌、成就不高的。

◎當福德宮的巨門星在『子』宮或『午』宮時，你是太陰坐命『辰』宮或『戌』宮的人。你的口才好、是非多、性格陰晴不定。若有『巨、火、羊』在命宮及福德宮出現、流年、流月逢到會心情鬱悶自殺。歌星于楓即是此格。你們的金錢運常有起伏、工作是奔波勞碌型的。適合做服務業、餐廳、歌廳、酒店、旅館、演藝人員、循迴服務車、大眾交通服務人員、公職可做戶政事務所、郵局、石油公司加油站工作。

◎當福德宮的巨門星在『辰』宮或『戌』宮時，你是機陰坐命的人。你工作的場所常帶給你是非、煩惱，讓你心神不定、操勞不停。你自己的情緒也極易產生變化。你是做公務員的命，具有『機月同梁』格與『陽梁昌祿』格。因此做軍警職、公職是必然選擇。也有可能做企業中的職員，是薪水階級的人。做演藝人員也會是公務員型的按時上、下班工作。你工作的型態是在政府性的、大機構、大公司下勞碌奔波的一族。

◎當福德宮中的巨門星在『巳』宮或『亥』宮時，你是太陰坐命『卯』宮或『酉』宮的人。縱使你的命宮太陰居旺，你也無法不勞碌，只不過賺錢得財較多而已。你們具有『武貪格』、『陽梁昌祿』格，做公職會有異軍突起主貴之機會。做生意亦能大發財運。命宮中若有祿存或化祿等祿星，是財富多的大企業主。因此可做大生意。你適合做金融業、銀行界、郵局儲匯人員、房地產業、運輸業、海運業等。

天相星：當福德宮中有天相星時，當天相星居旺時，你是積極能力不足的人。當天相福星居陷時，你是操勞不停的人。你們都有共同的特點是喜愛時髦流行的新事物，有喜新厭舊的習慣，並且對吃穿有特殊喜好。你們適合做公職、軍警職，有穩定的收入，且會有時間享受吃穿。

◎當福德宮中的天相星居『丑』宮或『未』宮時，你是廉貪坐命的人。因命宮雙星陷落，一生機運不佳，你應從事軍警職，其他的職業都做不長，最後成為一遊手好閒之人。

◎當福德宮中的天相星居『卯』宮或『酉』宮時，你是武貪坐命的人，一生有多次暴發運和偏財運，性格剛強，不信邪、有刻苦耐勞的精神，但人生起落很大，一生勞碌不停。你適合做軍警職會做軍政、警政大官。做生意，暴發運會助你大發成為大企業主，但是也容易暴落破產，從頭再來。做生意適合做進出口貿易、金屬類、金融類、機械器材、鋼鐵類等生意或作股票、期貨、彩券操作等。

◎當福德宮之天相星居『巳』宮或『亥』宮時，你是紫貪坐命的人。你是適合做政府官員和軍警業。你很會做官，又有『陽梁昌祿』格，知識水準及外表都極佳，因此有官運前途。前國防部長陳履安先生即是此格。

天梁星：當福德宮中有天梁星時，你具有慈善心和雞婆性的好心，喜歡管別人家的閒事，你的口才好、善辯、容易和別人聊天、抬摃，也會不厭其煩的教導別人。你們大多有『陽梁昌祿』格，具有某種知識水準，因此很愛做老師。所以你們最適合的工作就是教書了。替公司培訓人才、補習班老師、產品解說員、保險業、仲介業、直銷事業等等。

◎當福德宮的天梁星在『子』宮或『午』宮時，你是巨門坐命『辰』宮或『戌』宮的人。你具有『機月同梁』格和『陽梁昌祿』格兩種格局，做公職或薪水階級較適合。適合做教師、仲介業、推銷業、保險業、產品解說員或替公司培訓人才等。

◎當福德宮的天梁星在『丑』宮或『未』宮時，你是巨門坐命『巳』宮或『亥』宮的人。你們命格中具有三種格局，但是你最喜歡的一定是『武貪格』暴發運了。有暴發運的人多半會從軍職或是做生意。做軍警職會有突起的升官運。做生意有暴發之機會。你可以做政治人物、仲介業、補習班業、保險業、直銷事業、產品解說員等事業。

◎當福德宮中的天梁星在『巳』宮或『亥』宮時，你是機巨坐命的人。你一生是不靠祖業，白手起家。你有『陽梁昌祿』格，會有高學識，多半是做學術性、研究性的工作。例如：教書、學術研究、醫學研究、科技產品研究開發人員、一切的研究發展計劃的研究人員等。

七殺星：當福德宮中有七殺星時，你的命宮裡都會有一顆天相星。當七殺星居廟在福德宮時，你會辛勤努力工作，但會一板一眼的，勞心勞力捨不得休息。若有羊、陀、火、鈴與七殺同在福德宮的人，是辛苦操勞、從無享受，性生活敗壞的人。

◎當福德宮中的七殺星在『巳』宮或『午』宮時，你是紫相坐命的人。你是一個天生的勞碌命，錢財已很富足了，擁有高職位、高收入，但是你還是以工作為樂，沈溺在工作中，無法自拔，因此你的事業會愈做愈高段。你們多半會做公職或高薪階級，是有特殊專業技能的人。適合做高科技業、電子業、電腦業、核能、雷射等等專業工作、建築、製造業等特殊質材技術等行業。

◎當福德宮中的七殺星在『寅』宮或『申』宮時，你是廉相坐命的人。你的生活嚴謹、非常刻板，朝九晚五，定會做公職或大企業中規矩的主管階級。你適合在金融、財經機構上班或是銀行主管、事務性主管等職，你有『武貪格』暴發運，也會做軍警職，但你小心謹慎，性格保守，故不會做生意。所以你的暴發格只會用在你的事業上。

◎當福德宮中的七殺星在『辰』宮或『戌』宮時，你是武相坐命的人。你的七殺星居廟，故你也是個一板一眼，喜歡有固定上班時間的人，下班後就享受自由的休閒了。你在工作時間同樣是操勞負責任、做事很積極的人。你們有『陽梁昌祿』格，可以做教書工作，亦可以做衣食類生意、餐廳、旅館、服飾類、生活用品類、民生物資等事業。

破軍星：

當福德宮中有破軍星時，你是勞碌命，不會享福的人，你在工作裡尋找快樂，生活十分嚴謹，對自己從不放鬆，要求很高。你是極欲成功，且對自己很有把握的人。

◎若福德宮中的破軍星與文昌、文曲同宮或照會時，你是擁有文藝修養，但生活享受很節儉的人，且有水厄。適合做藝術家、公司負責人。

◎若福德宮中的破軍星與羊、陀、火、鈴、劫空同宮，你是一輩子較勞苦，生活拮据，而無法享福的人。適合屠宰業、市場小販。

◎當福德宮中的破軍星在『子』宮或『午』宮時，你是武曲坐命的人。你雖具有『武貪格』偏財運會暴發，但人生大起大落，一輩子生活嚴謹，自我要求過高，凡事多思慮，是個勞心勞力福不全的人。你適合做軍警職、生意人、貿易公司、進出口行業、金融商品操作、股票、期貨操作等。

◎當福德宮中的破軍星在『寅』宮或『申』宮時，你是紫微坐命的人。你是耳軟心活的人，每日思慮多、喜愛操煩，雖然金錢運和事業一直都在高位上，但還是不能放心，勞碌至深。你適合做政治人物、官職、公務員。做軍警職也是高階軍政、警政要員。做生意會做電子類、房地產類、科技類、電腦類、金融類。

◎當福德宮中的破軍星在『辰』宮或『戌』宮時，你是廉貞坐命的人。你愛愛忙碌的生活，更喜歡精心策劃很多事情。若沒有可操煩的事情，你的心情就會恐慌，所以你每天都把自己弄得很忙。你適合做軍警職、律師、政治人物、專業技術或工程人員。

祿存星：當福德宮中有祿存星時，你是個性孤獨，為人節儉吝嗇的人。你很能存錢能吃苦耐勞，因此財富很多。不過你通常自己一個人就能很快樂了，不願意被人打擾。你多半會做辛苦勞碌的工作。如送貨員、工兵、勞動階級。若是有其他的吉星與祿存同在福德宮的人，就算是做老闆、做主管，都會自己一個人身兼數職，無法讓別人代勞，是一個極其辛苦的老闆或主管。

文昌、文昌：當福德宮中有文昌、文曲星時，你是有文學及藝術涵養的人，有自己特殊的嗜好與技能，並可以此為賺錢的工具。若昌曲居旺時，你會因自己文藝氣息而生活快樂。你適合做文職工作、藝術類工作如教書、畫家、藝術家、記者、出版業、文化業、演藝人員等等。

◎若福德宮中之文昌、文曲星和破軍同宮或相照時，縱使在旺宮，亦有勞心勞力過一生，且有水厄之災。

◎當福德宮中之文昌、文曲星與擎羊、陀羅、火星、鈴星、劫空同宮時，會勞碌一生，無法享受，只是擁有文藝興趣的人。

右輔、右弼：當福德宮中有左輔、右弼時。你們是具有同輩貴人運的人。若左輔、右弼獨坐福德宮的人，幼年會由別人帶大，與父母緣淺。或是庶出之人（小姨所生）。你們都是早年辛苦，經過自己奮發圖強後而能成就事業的人。若僕役宮（朋友宮）再有吉星相助，你的事業運極佳。並可在朋友輩中募集資金創業。你們適合開工廠、做主管、或公司負責人。

◎若有羊陀、火鈴、劫空與左輔、右弼同在福德宮的人，一生則勞心勞力，生活不安定，有思慮過多、福不全之相。

天魁、天鉞：當福德宮中有天魁、天鉞時，你一生有貴人相助，你是一個聰明、相貌美麗、人緣佳的人。天鉞在福德宮的人，易惹桃花有感情糾葛，不算太好。

擎羊、陀羅：當福德宮中有擎羊、陀羅星時，你是有破相、勞碌、思慮過多、心思深沈、鬱結等現象的人。你不會享福，也無福可福，一生有多次血光傷災與開刀的情形。適合做軍警職、屠宰業、市場肉販、外科醫生、婦產科醫生、獸醫、律師、法官等職。

火星、鈴星：當福德宮中有火星、鈴星時，你終日忙碌、無法休息，個性急躁，做事潦草，講求速率。因此傷災也多。你適合做軍警職，或是好賭成性的人。

天姚星：當福德宮中有天姚星時，你是奔波勞碌過日子的人，對很多事情都有興趣，但沒有長性，做事做不長久，積極奮發的能力不足。因為桃花星都有桃花牽扯，因此是非不斷，除非做酒店、演藝工作、聲色場所工作有意義之外，做文職或武職皆不利。

第七章 從朋友運裡看你適合的行業（從僕役宮看適合的行業）

我們都瞭解在工作中，與你相處時間最長的就是同事關係了。有時候和同事相處的時間甚至多過和家人相處的時間。因此朋友運和職場關係就成了目前現代人最大的課題。

僕役宮不但可以看朋友運，也可看屬下運。並且是可以看『人災』的宮位。人災就是因人為所造成的是非災禍，例如謠言中傷、誹聞傷害、朋友反目成仇、朋友拖累、倒債、虧空、或因朋友涉及官非獄事。

僕役宮不好的人，非但朋友運差，做公司老闆也是馭人無術，無法管理公司人員。做主婦的人若請女傭，也會遇到刁蠻難纏或有盜竊癖好的不良女傭，因此僕役宮若不好的人，在流年、流月行經僕役宮時，要特別小心，儘量少惹事，以防『人災』。

僕役宮好的人，或有貴人運的人，工作好找，事業順利。例如蔡萬霖先生的僕役宮很好，做保險金融業，每日有三億元以上的進帳，有許多人在幫他賺錢。張榮發先生的僕役宮也很好，所以可做大企業主。因此我們知道，事業要成功、順利。僕役宮佔有極其重要的地位。

紫微幫你找工作

當下列星曜在僕役宮所代表的意義與適合的工作

紫微星：當紫微星在僕役宮時，你是同巨坐命的人。雖然你一生是非多，又與家人不和，但在外面，你很會做面子。你有很好的朋友運，他們都會幫助你。再加上你生性較懶，喜歡玩樂，故而樂得有人幫忙。很可惜你們對事業沒有很大的耐力，機會也不好，是故浪費了朋友運。只不過多些人陪你玩耍而已。你適合做臨時性的工作，用口說一說便能賺錢的工作，例如仲介業、直銷事業等。

紫府同宮：當僕役宮中有紫微、天府時，你是天同坐命『卯』宮或『酉』宮的人。你的朋友都是性格平和又有錢、地位又高的人。你常受他們照顧，會因朋友而得利。你做公職或薪水階級在工作場所人緣很好，會因朋友的保薦而升級。適合在事務性或文職方面發展。

紫相同宮：當僕役宮中有紫微、天相時，你是天同坐命『巳』宮及『亥』宮的人。你有很好的朋友運，朋友都是身份地位高、溫和又有教養的人。你適合在公職機構做事，會因朋友之力而身份提高。若有化權、化祿在僕役宮中，你的朋友不乏有權有勢之輩。你在他們之前說話也顯得有力。同時，朋友也是影響你最深的人。你適合做公職或做生意，做生意時也會高朋滿座、眾人來捧場。會有很好的資助力量來自朋友。適合做餐飲業、貿易業。

紫貪同宮：當僕役宮中有紫微、貪狼時，你是天同坐命『辰』宮或『戌』宮的人。你看起來人緣很好，但朋友、部屬都是油滑不得力的人，沒法子真心對待你。你只有靠經驗及閱歷來結交好朋友了。你是『機月同梁』格和『陽梁昌祿』格的人，參加公職考試會很有機會。做固定的上班族最適合你的心情，因此在大企業、大公司上班是你必然的選擇。適合文職工作。

紫殺同宮：當僕役宮中有紫微、七殺時，你是同陰坐命的人。你在表面性格裡有些軟弱，容易被人欺負。在你的朋友和同事裡不乏地位高、權力大的人，

紫微幫你找工作

但是他們對你一點都不瞭解，因此也不會幫你的忙。他們有時甚至還會仗勢欺人，很不好惹。你必須要小心。你適合做公職、文職、學術研究、醫學類、醫療類的工作，如護士、中醫師、中藥師、婦產科等。

紫破同宮：當僕役宮中有紫微、破軍時，你是同梁坐命的人。你很有人緣、很四海、愛交朋友，三教九流都有，從政治人物到黑道大哥無所不包，但一生難得有力的知交。在用人方面也是好好壞壞、是是非非，一直要到晚年你才會認清這個事實。你適合做服務業、餐廳、酒店、旅館生意、或做演藝人員、公務員、軍警職、慈善事業。

天機星：當僕役宮中有天機星時，天機是主掌兄弟手足之星。天機入廟時，能獲得友好得力之朋友或屬下運。天機落陷時，人緣不好，無法和人相處融洽，是非紛爭多。

◎當僕役宮中的天機星在『子』宮或『午』宮居廟時，你是天相坐命『丑』宮或『未』宮的人，有很好的朋友運，你的職位雖然不高，朋友之中是非雖然很多，但你卻能做個老好人，頻頻居中勸解，因此可深得朋友的敬重。你適合做固定薪資的工作。例如工職、工廠工作、船員、機械操作員、建築類工程人員、環保垃圾處理工作等。

◎當僕役宮中的天機星在『丑』宮或『未』宮時，你是七殺坐命『寅』宮或『申』宮的人。你的本命有旺格是『七殺朝斗』或『七殺仰斗』格，並有『武貪格』暴發運，是個軍警政要一級大員的命格。但是你的朋友運和屬下運都不好，於是終功虧一潰敗在這些人的手上。你在丑、未、寅、申年時，由其要注意人災的防範，以防有失。你適合做軍警職、保安人員、調查局探員等職。

◎當僕役宮的天機星居『巳』宮或『亥』宮時居平陷之位，你是貪狼坐命『子』宮或『午』宮的人。你一輩子好運，又有『陽梁昌祿』格，但朋友之中總有與你作對的人，讓你煩不勝煩。你也不適合與人一起投資做生意，否則會血本無歸。你適合做文武職皆可。文職可做出版業、文化業、教育類、校長、教育用品類。

機陰同宮：僕役宮中有天機、太陰時，你是空宮坐命有紫貪相照的人。你是表面上外交手腕及人緣都好的人，朋友很多，其中不乏有權有勢之人，但都不得力。因此你要考慮自已待人的方式和社交的場所環境是不是合適你。應儘量減少虛偽的應酬、多花時間結交知心的朋友。你適合做公職、或做軍警職。你喜歡官場文化多過知心文化。

機梁同宮：僕役宮中有天機、天梁時，你是天府坐命『巳』宮或『亥』宮的人。你的朋友中都是太聰明、智商太高的人，因此和你平實慢半怕的性格會有格格不入的狀況，沒法子和你同心同德的相互幫助。要到四、五十歲以後，你才會找到同心同德的朋友與屬下。你適合做公職、軍警職、銀行、金融機構工作或是教書和大企業主管的工作。

機巨同宮：當僕役宮中有天機、巨門時，你是破軍坐命『辰』宮或『戌』宮的人。你做事很打拚，對政治有興趣，適合做公職和在政界發展，但是你的朋友運和屬下運是表面看上去很不錯，都是高知識的人，可是都是陽奉陰違，無法徹底實行你的計劃。因此你要特別小心，尤其在重要事件上不可疏忽，產生後遺症。

太陽星：僕役宮中有太陽星時，太陽居旺，你會擁有極佳的朋友運和屬下運。而且男性對你有利。有化權同宮時，你會有權勢大、地位高的好朋友。且對屬下有絕對的控制權。有化祿時，只是增加親和力，朋友、屬下助財的部份不多。若太陽居陷，朋友運很差，而且容易遭嫉或被出賣、是非很多。若有化忌和太陽同宮在僕役宮，縱然太陽居旺，也會有賣主求榮背叛的朋友和屬下，頻惹是非。而且這些人都是男性友人和屬下。

◎僕役宮中的太陽星居『子』宮時，你是廉殺坐命『未』宮的人，你在男性團體中吃不開，有背叛的屬下和朋友。女人較對你有利。你適合做公職人員、文職工作、政府官員、律師、軍警職、法官、辛勞的工作。

◎僕役宮中的太陽星居『午』宮時，你是廉殺坐命的『丑』宮的人，你的朋友運及屬下運極佳。適合做公職、官職、律師、法官。朋友間會相互抬舉使地位更高。

◎僕役宮中的太陽星居『辰』宮時，你是廉貪坐命『亥』宮的人，你適合做軍警職，朋友及屬下運可助你升官。做文職或其他的職業，會結交狐群狗黨，無法做正事。

◎僕役宮中的太陽星居『巳』宮時，你是廉相坐命『子』宮的人。你是朋友運及屬下運極好的人，會有很多朋友與部屬給你幫助、做事業。你還有暴發運會發在事業上，成績優良。你適合做公職、銀行主管、大企業、高階主管等職。

◎僕役宮中的太陽星居『戌』宮時，你是廉貪坐命『巳』宮的人。因太陽居陷，你的朋友運和屬下運不好，容易受人欺騙。你只適合做軍職，否則會流於黑道。

◎僕役宮中的太陽星居『亥』宮時，你是廉相坐命『午』宮的人，你會有欺主背叛的朋友和屬下，須要小心，不過你們性格保守再加上自己有暴發運，不會太在意這些小人行為。你們適合做公職、在金融機構做主管時，尤其要注意亥年和午年的人災問題，小心會被倒債，捲款潛逃，受連累。

日月同宮：僕役宮中有太陽、太陰時，你是廉貞坐命的人。當日月同宮在『丑』宮時，太陽居陷、太陰居旺。你在男人團體中吃不開，在女人團體中受歡迎，且有得力之女性部屬和朋友。當日月居『未』宮時，太陽居旺，太陰居陷。你的好朋友、好部屬都是男性，女人不得力。常有是非不合。你們都適合做公職或薪水階級，是收入多、職位高的人。尤其適合技術性官僚或技術性職位，可做政治人物、律師、工程技術人員、電力、電子、水電工程人員等。

陽巨同宮：僕役宮中有太陽、巨門時，你是廉破坐命的人。在你工作的場所中是朋友與部屬都很多的狀況，但並不融洽，是非多、相互攻擊，無法幫助你的事業。造成你精神上的痛苦。你適合做軍警職、傳播業、公職、廣告業、電視公司、媒體工作等等。

陽梁同宮：僕役宮中有太陽、天梁時，你是廉府坐命的人。當僕役宮中的陽梁居『卯』宮時，你會得到朋友的幫忙和信賴。朋友都是慷慨善心之士，也都是具有高地位、高學識的人。你會做政府官員或大企業高階主管之職。當僕役宮的陽梁居『酉』宮時，你與部屬和朋友間的關係惡劣。你們會相互嫉妒、憎恨、使壞。你也得不到朋友和部屬的幫忙。你適合做薪水階級或小公務員。

武曲星：僕役宮中有武曲星時，你是巨門坐命『巳』宮或『亥』宮的人，你的朋友中都是性格剛強，對你的缺點會直言不諱的人。而且他們之中不乏多金的富人。你不但擁有朋友運，也擁有部屬運，會靠他們之助而成功。你適合做教師、政治人物、演藝人員、房地產業、仲介業、直銷業、保險業、補習班。

武府同宮：僕役宮中有武曲、天府時，你是空宮坐命有日月相照的人。你的朋友運很好，會得眾多朋友、部屬的幫助，事業順利。你適合做公職、教職、藝術類、文化工作者、出版業、編輯等職。

武相同宮：僕役宮中有武曲、天相時，你是空宮坐命有陽梁相照的人。你有很好的朋友運，朋友都是溫和、物質生活好、講究生活情趣的人。他們會給你很大的幫助，不論是精神的或物質的幫助。使你和他們一樣生活富裕。你的屬下運亦佳，適合做公職、教職、政府官員、學術研究、算命、慈善事業、社會福利等職。

武貪同宮：僕役宮中有武曲、貪狼時，你是空宮坐命有陽巨相照的人。你一生很難有好朋友或部屬，他們都對你嫉妒或憎恨，常在暗中害你，讓你失敗。你的朋友與部屬中不乏性格剛強，欺主之人士。你有點傷腦筋了！要過濾交往的朋友，不要被其外表給騙了。同時也要減少自己逞口舌之快所造成的是非。你適合做仲介業、直銷事業、保險業、律師、法官等行業。

武殺同宮：僕役宮中有武曲、七殺時，你是太陰坐命『辰』宮或『戌』宮的人。你的朋友都是凶悍之人，你常遭他們的埋怨或背叛。你無法擁有真心的好朋友與屬下。因此你自己不要太軟弱了，愛靠別人幫你，其實他們真幫不上忙。你適合做文職、公職、演藝人員、藝術類工作、文化工作、出版業、銀行、金融機構職員等職。

武破同宮：僕役宮中有武曲、破軍時，你是天梁坐命『子』宮或『午』宮的人。你的朋友運及屬下運不佳，常要花費你大把的銀子才能擺平他們。他們不但是耗財一族，而且不得力，沒法子真正幫助你。你適合做公職、政府官員、教書、傳教、算命、慈善事業。

天同星：僕役宮有天同星時，天同居旺時，你擁有很多溫和、善解人意的朋友和屬下，而且得其幫助而成功。天同居平陷時，你會為朋友而操勞奔波，朋友對你的幫助，沒有你付出的多。但也依然算是好的朋友運及屬下運了。

◎僕役宮的天同星居『卯』宮或『酉』宮時，你是貪狼坐命『辰』宮或『戌』宮的人，你的朋友運很好，又有『武貪格』暴發運，有人助你生財，但你為朋友付出的也很多。你適合做軍警職、生意人。可以做進出口貿易、股票、期貨操作等。

◎僕役宮的天同星在『辰』宮或『戌』宮時，你是天相坐命『巳』宮或『亥』宮的人。你的朋友多半是溫和的公務員或薪水階段，你很情願為他們服務，你們相處愉快。你的屬下運也不錯，你會照顧他們，他們對你很愛戴。你適合做軍警職、公職、政府公務員、小官員、大企業主管等職。

◎僕役宮的天同星在『巳』宮或『亥』宮時，你是七殺坐命『子』宮或『午』宮的人。天同居廟，你會擁有很多的好朋友及得力助手幫助事業。

你適合做公職、軍警職、做生意。可以做運輸業、電子業、五金類、金屬加工廠、機械類、電腦業、船舶修理、汽車修理等行業。

同陰同宮：僕役宮中有天同、太陰時，你是空宮坐命有武貪相照的人。同陰在『子』宮時，你的朋友運很好，將會得到好朋友及好助手協助你一生順暢。當同陰在『午』宮時，同陰居平陷之位，故有眾多溫和、陰柔的朋友，但不得力。無法得到幫助，而且與女人不合。你們適合做軍警職、生意人。做生意時，必是專業技術之生意，如電機工程、機器買賣或是競爭激烈之行業。

同梁同宮：僕役宮中有天同、天梁時，你是天府坐命『卯』宮或『酉』宮的人。當同梁在『寅』宮時，你會很操勞，但會得到長輩型的貴人相助，深得部屬愛戴。同梁在『申』宮時，你平輩的朋友較多，與長輩或年長的人不合，做事尚且順利，但無法受朋友、屬下的愛戴。你適合做公務員、教書、金融機構、銀行主管、大企業主管等職。

同巨同宮：僕役宮中有天同、巨門時，你是破軍坐命『寅』宮或『申』宮的人。你一生中都是碰到的朋友表面溫和，但是非多，又不得力，且是非糾纏厲害。你也沒有屬下運，無法用人，或常有用人不當之事。你適合做軍警

紫微幫你找工作

職或公職、大企業、大公司職員等職。

廉貞星：僕役宮中有廉貞星時，你是機巨坐命的人。你的朋友及屬下雖然個性剛強，但都是運用智慧，有專業技術之人，他們在工作上會給你很大的幫助與配合。你適合教書、做公職、大企業上班、做學術研究、醫學實驗研究等。

廉府同宮：僕役宮中有廉貞、天府時，你是天機坐命『巳』宮或『亥』宮的人。你的朋友及屬下很多，但是有些得力，有些不得力，其中尚有會嫉妒、出賣你的朋友，你要好好認清楚了才不會招災。你適合做公務員、文職工作、出版業、文化業、設計、記者等等。

廉相同宮：僕役宮中有廉貞、天相時，你是天機坐命『丑』宮或『未』宮的人。你的朋友之中都是長相老實、性格保守的人，但是他們對你並不真心。也無法幫助你事業。一直要到晚年才會有好朋友及屬下。你適合做公務員、業務員、教師、大公司職員、上班族、記者、仲介業、房地產業、保險業等。

廉貪同宮：僕役宮中有廉貞、貪狼時，你是天機坐命『子』宮或『午』宮的人。你的朋友運很差，你也人緣欠佳。你會和朋友與部屬相互憎恨、嫉妒，彼此出賣對方。若有化忌在僕役宮中的人，更與朋友扯不清楚是非災禍，相互牽連。你適合薪水階級。

廉殺同宮：僕役宮中有廉貞、七殺時，你是機陰坐命的人。你的朋友運很差，常有背叛或賣主求榮之朋友或屬下。你的朋友都是性格凶悍之人，與你個性不合，你必須時時小心，不要被騙上當，被賣了都不知道。你適合做公職、軍警職、奔波勞碌的工作、演藝人員、循迴劇團等。

廉破同宮：僕役宮中有廉貞、破軍時，你是機梁坐命的人。你的朋友都是性格豪放、智慧不高（沒你高）的人。他們也常做一些讓你無法控制的事情，徒增你的麻煩和是非。你的朋友運不佳，常交到壞朋友，造成破耗。你適合做公職、秘書、政治人物智囊團。你擁有『武貪格』暴發運，命、財、官三宮有羊陀、火鈴、劫空等煞星的人，會好賭成性，做賭徒。

天府星：僕役宮中有天府星時，你的人際關係很好，並且有得力的朋友和屬下幫助你的事業，你深得部屬的愛戴，適合做老闆。

◎僕役宮的天府星在『卯』宮或『酉』宮時，你是太陽坐命『辰』或『戌』宮的人。你適合做公務員、政治人物、政府官員、社會局、福利機構、軍警職、文職等。

◎僕役宮中之天府星在『丑』宮或『未』宮時，你是空宮坐命有機陰相照的人。你適合做公職、軍警職、大企業職員、演藝人員記者、船員等。

◎僕役宮中之天府星在『巳』宮或『亥』宮時，你是空宮坐命有同陰相照的人。你適合做軍警職、文職、公職、婦產科醫生、外科醫生、學術研究、醫療服務、中醫師、中藥房等工作。

太陰星：僕役宮中有太陰星時，太陰居旺時，你會擁有許多的好朋友給你幫助，屬下運也好。並且這些人當中，大多數是女人。太陰居陷時，你沒有朋友運和屬下運。女性朋友及部屬和你相處不佳，且多招是非埋怨。

◎僕役宮中之太陰星居『卯』宮時，你是武曲坐命『戌』宮的人，你朋友運、屬下運差，女人更麻煩。你適合做武職、生意人，適合在男人社會裡工作。

◎僕役宮中之太陰星居『酉』宮時，你是武曲坐命『辰』宮的人。你的朋友運、屬下運極佳，幫助你的以女人最多也最得力。你適合做武職及生意人，做老闆，適合在女人環境中工作，或買賣女人用品、做金融業。

◎僕役宮中之太陰星居『辰』宮時，你是空宮坐命『亥』宮，有廉貪相照的人。你根本沒有朋友運及屬下運，與女人的關係更差，多惹是非麻煩。

最好做軍警職，其他的工作做不長久。

◎僕役宮中之太陰星居『戌』宮時，你是空宮坐命『巳』宮有廉貪相照的人。你的朋友運好，且能為你帶來財利。你與女人有緣。適合做軍警職，別的工作做不長久。

◎僕役宮中之太陰星居『巳』宮時，你是紫微坐命『子』宮的人。你的朋友運、屬下運不佳。你一生最大的苦惱就是無法和女人相處。因此你必須在男人社會工作賺錢較會順利。適合做政治人物，公職、政府官員、公司負責人、老闆、技術性專業主管等。

◎僕役宮中之太陰星居『亥』宮時，你是紫微坐命『午』宮的人。你一生朋友眾多、且多金富貴，給你事業上有很大的幫助，你適合和朋友合夥做生意，也適合做政治人物、大老闆、幫助你的人，女人最可靠、最得力。

貪狼星：僕役宮中有貪狼星時，你是沒有朋友運和屬下運的人。常犯小人，而且易和朋友或部屬發生爭執。也常受其連累而破財、遭災，真夠倒霉。

◎僕役宮中之貪狼星是在『子』宮或『午』宮時，你是空宮坐命有同巨相照的人。你一生是非多，心情也無法平靜，朋友運也差，你無法鬥得過他們，只有敬而遠之、明哲保身才是智舉。你適合做薪水階級、公職、大公司職員。

◎僕役宮中之貪狼星在『寅』宮或『申』宮時，你是空宮坐命有機巨相照的人。你一生聰明、知識水準高，但是非多、朋友都是難纏的角色，屬下也不好惹，因此要小心被連累。你適合教書、做學術研究、醫學類、醫療類服務等。

◎僕役宮中之貪狼星在『辰』宮或『戌』宮時，你是太陽坐命『巳』宮或『亥』宮的人。你的朋友運不佳，屬下運也極差。你在外面的環境中是非口舌多，須要自己保持冷靜少惹是非，以防遭災。你適合做公職、公務員、大企業職員、醫院服務、郵局、銀行工作。

巨門星：

僕役宮中有巨門星時，你沒有朋友運和屬下運。你的朋友多是是非麻煩之人，而且他們也是心術不正、陰險狡滑、道德感很差的人。你和他們交往，遭災的時候多，蒙利的時候少，真是不可交的朋友。

◎僕役宮中之巨門星居『子』宮或『午』宮時，你是紫破坐命的人。你本身的性格與人寡合，又不容易交到好朋友，朋友中多心術不正、道德淪喪的人。屬下運也很差，因此你的工作多半是做工、加工區工作、船員、

紫微幫你找工作

機械操作員、建築工地、工廠等工作。

◎僕役宮中之巨門星居『辰』宮或『戌』宮時，你是武破坐命的人。你為人剛直、大膽。你的朋友運及屬下運很差。多是非糾纏不清，也會是惡霸型的人，因此你要小心。你適合做軍警職、特技演員、調查局探員、間諜、獄政工作。

◎僕役宮中之巨門星居『巳』宮或『亥』宮時，你是破軍坐命『子』宮或『午』宮的人。你適合做運輸業、沙石業、貨櫃業、進出口貿易、船運業、報關行。你工作的環境裡是非很多，朋友、部屬運很差，他們都是陰滑的角色，須要提防。

天相星：

僕役宮中有天相星時，你會擁有很多溫和、能幹、負責任的好朋友和部屬。當天相居旺時，你的好朋友、好部屬會給你很大的助益。對你照顧周到。而天相陷落時，你的好朋友、好部屬就不一定全是得力的人手了。其中也會有一些人袖手旁觀，不會給你幫助，讓你一個人操勞不停。

◎僕役宮中之天相星居『丑』宮或『未』宮時，你是空宮坐命有同粱相照的人。天相在『丑』宮時，你有絕對完美的朋友運和部屬運。可做老闆，天相在『未』宮時，你必須時常有些操勞，你的朋友和屬下有時會給你幫忙，有時不會，所以需要看好時間才去求助。你適合做服務業、薪水階級、仲介業務員、酒店、餐廳、旅館、銀行中服務。

◎僕役宮之天相星居『卯』宮或『卯』宮時，你是空宮坐命有機梁相照的人。你的朋友性格溫和、老實、也很保守，他們對你很好，但無法保證給你幫助。你適合做秘書、公職公務員、大企業職員、文職等。

◎僕役宮中之天相星居『巳』宮或『亥』宮時，你是太陽坐命『子』宮或『午』宮的人。天相居得地之位，能幫助你、或不能幫忙你的朋友和部屬是各佔一半的情況。但他們都會對你溫和有教養，不會為難你。你適合做公職、軍警職、公務員、政治人物、公司負責人、大公司企業主管等職。

天梁星：僕役宮中有天梁星時，你的朋友與部屬中都是溫和有善心的人士。當天梁居旺時，你的朋友運、部屬運很好，他們都可能成為你的貴人，幫助你事業。年長的人真正是付出很多幫助給你的人。你對屬下很愛護，特別受愛戴。

當天梁居陷時，你的朋友運差，得不到朋友和部屬的幫助，不適合做老闆，同時你也缺乏貴人運及長輩運。

◎僕役宮中之天梁星居『子』宮或『午』宮時，你是天府坐命『丑』宮或『未』宮的人。天梁居廟，因此你有很好的朋友運及屬下運。你適合做公職、政府財經官員、金融、銀行機構主管或負責人，做軍警職也會做軍需大員。

◎僕役宮中之天梁星居『丑』宮或『未』宮時，你是紫府坐命的人。天梁居旺，你擁有極佳的朋友運和屬下運。你本性穩重保守，很會看人，並且擁有長輩運及貴人運，給你在事業上助一臂之力。你適合做生意、做進出口貿易、五金類、高級時髦用品、金屬或器材、零件之產品。

◎僕役宮中之天梁星居『巳』宮或『亥』宮時，你是武府坐命的人。天梁陷落，因此你的朋友運和屬下運不佳。你是有一點愛計較的人，由其對錢財吝嗇。朋友和屬下都是溫和但對你敬而遠之的人，因此更增加你自身的勞碌了。你適合做公職、金融、銀行主管、大企業中主掌財務。

七殺星：僕役宮中有七殺星時，你的朋友運、屬下運不佳，將會擁有許多凶悍的、會欺侮人的朋友。也會擁有侵佔、偷盜你財物的朋友和部屬。你必須小心。

◎僕役宮中之七殺星居『子』宮或『午』宮時，你是日月坐命的人。你的性格中有些軟弱、情緒不穩定，容易被人抓住把柄，因此會有剛強欺主之朋友或部屬。你適合做公職、教書、藝術家、音樂教學、畫家、學術研究等。

◎僕役宮的七殺星在『寅』宮或『申』宮時，你是太陰坐命『卯』宮或『酉』宮的人。你的性格溫柔內向，喜愛擔憂，有陽剛之氣的朋友對你有特別的吸引力。你常喜歡徵求他們的意見，形成受制於人的情況。朋友及部屬運不佳，要防剛強欺主之部屬和朋友。你適合做公職、大企業職員、文職、出版業、文化業、銀行或會計事務、文藝工作。

◎僕役宮的七殺居『辰』宮或『戌』宮時，你是太陰坐命『巳』宮或『亥』宮的人。你的朋友運及屬下運不佳，你適合做公職、銀行、金融機構工作、房地產買賣、會計業務、文藝工作。流年不佳時，小心朋友及部屬會騙錢、倒債、捲款潛逃。

破軍星：僕役宮中有破軍星時，你的朋友三教九流都有，上至政治人物、下至販夫走卒，各種階層都有。若破軍居旺時，你的朋友運不錯，也會有好的助手及屬下。可是你會在交朋友方面花費龐大。破軍居陷時，你的朋友運不佳。朋友、屬下皆不得力，不但讓你破財，遭災，且容易和他們形成仇敵對峙，非常辛苦。

◎僕役宮的破軍星在『子』宮或『午』宮時，你是天梁坐命『丑』宮或『未』宮的人。你的朋友運很好，社會上各階層的人都與你交厚，你也很會利用他們辦事，鞏固你的地位。相對的，你也很照顧他們，給他們很多好處。你適合做公職、政府官員、政治人物、教書。

◎僕役宮的破軍星居『寅』宮或『申』宮時，你是陽梁坐命的人。破軍在得地之位，你尚且有好朋友和好部屬幫助，但花費大，其中有得力者與不得力的人，你要分辨清楚。你適合做公職、政府官員、政治人物、教書、學術研究、社會服務、命相業。

◎僕役宮的破軍星居『辰』宮或『戌』宮時，你是天梁坐命『巳』宮及『亥』宮的人。破軍居旺，因此你的朋友運和屬下運還不錯，只是要花費較多的金錢與他們交往，或收買人心，你適合做公職、薪水階級、文職、文化業、出版業等。

祿存星：僕役宮有祿存星時，你的朋友運、屬下運都不錯，也能幫助你事業。但是你還是會自己多操勞，並不想太麻煩他們。

◎若有火星、鈴星、化忌、劫空同宮時，則有不忠不義之朋友和屬下，你適合做個人工作室、自己做一人老闆。

文昌、文昌：僕役宮中有文昌、文曲時，表示你的朋友都很有文化氣質、知識水準高，昌曲居旺時，會有好朋友、好部屬幫助你，成為你的貴人。昌曲居陷時，無法得到幫助。朋友、部屬的文化素養差。你適合做文職、公職、薪水階級、文化、出版業的工作，昌曲居陷時會做小買賣。

右輔、右弼：僕役宮中有左輔、右弼時，若單星獨坐，會有好朋友、好部屬，且能成為你的貴人，來幫助你事業成功。賺錢很快。適合做官職、主管階級、老闆、仲介業、保險業、直銷事業、房地產業。

◎若僕役宮中之左輔、右弼和羊陀、火鈴、劫空、化忌同宮或相照，你的朋友中多素行不良的人，不但會背叛你，你也可能非善類。

天魁、天鉞：僕役宮中有天魁、天鉞時，你的朋友、部屬中較多長相清秀，氣質好的人。朋友運佳，你會得朋友、部屬之力而提高自己的地位。適合做公職、主管級人物。

擎羊、陀羅：僕役宮中有擎羊、陀羅時，你的朋友運極差。朋友都是陰險狡滑的惡霸，他們常讓你頭痛，是你的致命傷。你不但得不到幫助，而且會招怨、遭災，被朋友、屬下吃定了。你適合做軍警職。

紫微幫你找工作

火星、鈴星：僕役宮中有火星、鈴星時，表示你的朋友中多性急脾氣壞的人，場面常火爆。火星、鈴星若居陷落會有背叛、怨恨之朋友、部屬，並引而招災。但火星居旺時，會有性格剛強的朋友、屬下替你出頭打抱不平。並且若鈴星居廟旺之位在僕役宮時，有保家衛主的屬下，堅貞不屈的為你工作，是一等的屬下運、朋友運了。

天空、地劫：僕役宮中有天空、地劫時，你沒有朋友運及屬下運。你常遭人背叛，陷害而遭災。

化權星：僕役宮中有化權星時，若主星居旺，你的朋友運極佳，且能主導朋友和屬下的思想和行為。你的地位能因朋友、屬下的擁護而上升。適合做政治人物、政府官員、公司老闆、主管階級。若主星居陷，或不強，則容易被人牽著走，如太陽居陷化權時無力，在男人的社會中依然不利，只是自己比較頑固，自以為是而已，容易上當。

化祿星：僕役宮中有祿星時，若主星居旺，你的人緣較佳，朋友、屬下來幫你助財。若主星居陷，仍有助人緣，財運不多，朋友、屬下只是對你溫和、沒有惡意，並不能實際幫助你。你適合做公關工作、主管階級、金融、銀行工作。

化科星：僕役宮中有化科星時，你的朋友都是文化素養高、修養較佳的人，他們的辦事能力佳。主星居旺時，會得到朋友、部屬的愛戴和幫助。主星居陷時，則得不到幫助，只是相處和樂而已。你工作的環境肯定是文職、公職或薪水階級、會計、出納等業務的工作。

化忌星：僕役宮中有化忌星時，你的朋友和屬下運很差。是非、問題很多，常有背叛、騷擾等事件，讓你心神不寧，且頻遭損失。你不適合做主管或老闆，也不適合管財務，否則會遭災。

第八章 如何是找個好老闆

1 『旺運時刻』能幫助你找個好老闆

我們在找工作的時候，有時會順利，有時會不順利。在順利的時候，不見得我們所找到的工作便很合我們的理想。不順利時也不見得就是壞事。往往一個待遇優渥，有發展潛能的工作，競爭者眾多。時機上的問題是一個很重要的關鍵。『時候未到』這是一個不容我們忽視的問題。

在什麼時候，才是『時候到了』呢？這正是我們現在要分析的旺運時刻了。

在我命相的過程裡，我常發現許多急著要找工作的人，往往都是在手頭較緊，經濟拮据了才急急忙忙的找工作。你想想看：手頭緊了，表示財運不佳，也表示運氣不好。如何能在這時候找到稱心的工作呢？就算是勉強能應付眼前的窘況，但草率的決定，終不是長久之計，你一定會做不長，做不安穩的。用『騎著馬找馬』的觀念來做事，不但辜負了顧用你的人，也辜負浪費了自己大好的青春和時間。所以我常常告訴來傾訴工作煩惱的朋友說，先用心思考看看，這件工作是不是值得你投注時間和精力下去的工作？是的話就義無反顧的去爭取、去努力！不是的話，再等等看。人是不能長期的處在試驗階段的，如此會終生一無是處，無法在任何一個行業佔有一席之地，也無法有成就突出的表現了。

何時是『旺運時刻』

我們既然知道，手頭較緊的時候是衰運時刻。那當然是手頭寬裕時是旺運時刻了。

有人會說，既然手頭寬裕了為何還急著找工作呢？等到沒錢用時再來找也不遲呀！

那你就錯了！那就太遲了！手頭寬裕、財運好時，即是你的『旺運時刻』。其他的旺運時刻，還有考試考得好的時候，人緣好的時候，中到大小獎項的時候，家裡面有喜事的時候，還有自己感覺很順利、精神好，身體很健康的時候等等。這也就是所謂的『貴人運』、『暴發運』、『考試運』、『桃花運』、『健康運』所帶給你的優勢環境了。

『利用旺運時刻』先策劃

為什麼要用『旺運』時刻來找工作呢？

『旺運時刻』帶給你的不但是工作企機，也會帶給你貴人、人緣、暴發力、精神旺盛、考試順利種種優良完美的神韻。

我們常看到一些即將畢業的同學，在未畢業前的幾個月便開始留意工作訊息了。一畢業即快快樂樂的上班去了。某些同學在畢業後半年至一年間，還賦閒在家，東搖西愰的無所事事。這就是事先策劃的必要了。

我們在考試成績好的時候，與同事、家人相處愉快的時候，自己心情好的時候，思路會特別的清晰、頭腦會特別的聰明，對事物的判斷力也多有正面的影響，在此時多分析工作性質的利弊。在獲得工作的訊息上也會有較順利的發展。

相對的，在你考試考不好、人緣關係不佳、情緒不穩定，有暴怒和憂愁情緒時，不但運氣不好，而且頭腦遲鈍，分析力不夠周延。判斷力也常被旁枝末節的問題給蒙蔽或擾亂了。這些情況都會直接影響到找工作時的資訊獲得、與對工作適不適合你？工作的內容、前途，這些分析問題的直接判斷力。因此我要說，穩定自己的情緒，保持愉快的身心，才真正是你製造最佳『旺運時刻』的不二法門呢？

倘若你是目前已有工作，而正要換工作的人，上述掌握『旺運時刻』的重要要點，也正是你現在必須恪守的準則。你也是不能忽視的呀！

紫微幫你找工作

屬於『旺運時刻』的星曜

紫微：當流年、流月中有紫微星時，你是萬事順利、一級好運的『旺運時刻』，所遇到的人、事物都會呈現祥和、溫順的態勢。找工作一定會成功，而且職位、薪資都很滿意。

紫府：當流年、流月中有紫微、天府時，你是萬事順意，能找到地位高，並有極佳財運收入的工作。

紫相：當流年、流月中有紫微、天相時，你很順利的找到技術性的工作，那是你的老本行，會有滿意的職位與高收入。

紫貪：當流年、流月中有紫微、貪狼時，你的人緣很好，可運用此特殊才能找到能發揮才藝、有實質掌權的工作。職位會讓你滿意。

紫殺：當流年、流月中有紫微、七殺時，你在找工作時很忙碌、操煩，但有破耗，你可能會浪費了很多錢在找工作方面。情況不如你預期的好。

天機：當流年、流月中有天機星時，表示你的運氣正變化的很厲害，找工作要小心。天機居旺時，是有好的轉機，你要繼續努力。天機居陷時，千萬不要再使力亂闖了，否則會闖得一頭苞。此時你必須靜守，以待好運時機來臨。否則情況會愈變愈壞。

機陰：當流年、流月中有天機、太陰時，你的運氣正處於浮動狀態。若機陰在『寅』宮時，表示機會大好，會有好的薪資收入，你所找的工作，多半是薪水階級的工作。也會是較奔波的工作。若機陰在『申』宮時，情況不佳。縱然有工作，也是收入不佳，十分辛苦的工作。

機梁：當流年、流月中有天機、天梁時，你的機會不是太好，但是有長輩貴人出現，會照顧你，你適合做秘書，或替長輩工作。那是清高、薪水普通的工作。

機巨：當流年、流月中有天機、巨門時，你會找到像教書、播報員、解說員，這類在學術性或專業性發展且是利用口才的工作。它是一份愈努力、又清高、收入又好的工作。

紫微幫你找工作

太陽：當流年、流月中有太陽星時，太陽居旺，你的工作運很好，你的工作熱誠和智慧會表露無遺，也會找到愉快又工作環境好、前途無量、收入且豐的工作。太陽居陷時，運氣不好。你需要靜守，等下個月運氣好時再去試，會有好結果。

陽梁：當流年、流月中有太陽、天梁時，陽梁在『卯』宮的人，會有好運道，可參加公開的考試會有佳績。而且你擁有第一等級的貴人運，會碰到意想不到的好運降臨。年紀大的長輩、上司主管都可能會提拔你。你會風風光光的拿到工作。陽梁在『酉』宮時，你會有一些長輩和上司給你機會，但他們可能是能力不足或不得力之人。因此對於你找工作的幫助上，會使不上力。

陽巨：當流年、流月中有太陽、巨門時，你會找運用口才或與人際關係有關的工作。陽巨在『寅』宮時，你的運氣很旺、口才也很好，能說服主管來任用你。只是你必須表現才會有機會。陽巨在『申』宮時，你的運氣差一點，但口才依然很好。你必須多跑幾趟，多勞碌一點、多花費一些口舌，才會得到你想要的工作。

日月：當流年、流月中有太陽、太陰時，你的情緒有些起伏，你的運氣也時時在變

紫微幫你找工作

化。日月在『丑』宮時，你若碰到的主管或介紹人是女性，你便能得到工作，是男性則不利。而且工作的待遇會不錯。日月在『未』宮時，你若碰到男性主考官或介紹人便會成功，若是女性則不吉。你所找到的工作，以名聲、職位為高，但是有名無利的工作，薪資平平。

武曲：當流年、流月中有武曲星時，你的財運大好。你會遇到個性剛直、乾脆的主考官和介紹人或主管。你會找到收入頗豐的工作。

武府：當流年、流月中有武曲、天府時，你真是好運了。你會遇到個性保守、做事剛正不阿，又非常精明幹練的主管或主考官或介紹人。他會很鄭重的把你引薦，並給你極豐厚的待遇。

武相：當流年、流月中有武曲、天相時，你正覺得身心舒暢，好像並不急著找工作，但此時卻有一個很好的機會來找你。你會做再三的評估後，才接受這份工作。這是一份收入不錯的工作。

武貪：當流年、流月中有武曲、貪狼時，你正在走『武貪格』暴發運呢！馬上就有天大的好機會要落在你的頭上了，你好整以暇的等著吧！不過有羊、陀與武貪同宮的人，或有化忌、劫空同宮的人，都要小心暴發運會有發得小、不發、或暴發後有災禍降臨的危險須要小心！

紫微幫你找工作

在『武貪運』裡，你可以好好表現，可能會碰到貴人提拔你，你也可能會獲得意外的財富。但在工作上有無限看好的趨勢。

武殺：當流年、流月中有武曲、七殺時，是『因財被劫』的情況，做事份外辛勞，而無滿意的結果，也可能徒勞無功。就算是降低標準找到工作，也會是沒有財利的工作，也做不長久而放棄。

武破：當流年、流月中有武曲、破軍時，也是『因財被劫』的形式。你很衝動，想改變現況。但愈改變愈糟，破財更多，是非災禍也不停，你應該保持冷靜，等度過此月才去找工作。否則只是花錢招災、找罪受。

天同：當流年、流月中有天同星時，天同居旺時，你的內心平和、懶散、沒有衝勁，很愛享受現成的福氣。不過你是有福可享的人，很多對你有利的事情會自然形成，不用強求，可輕鬆得到好工作。因此快點去運用機會吧！當天同居平時，福星造福能力不強，勞碌多些，但你是個心忙身閒的人，只會在心裡想去找工作，忙的卻不是找工作這件事，等下個月運氣旺一點再去找吧！

同陰：當流年、流月中有天同、太陰時，同陰在『子』宮時，運氣較好，可以找到收入不錯又輕鬆的工作。同陰在『午』宮時，運氣較差，財運不佳，操勞而沒有結果，需等待時機再去找工作。

紫微幫你找工作

同巨：當流年、流月中有天同、巨門時，你無法找到好工作，而且此月是非口舌又多，讓你很煩，常和別人起口角，你必須等待到下個月才會有轉機。

同梁：當流年、流月中有天同、天梁時，同梁在『寅』宮時，有長輩貴人會給你介紹工作，這多半是服務性質的工作，薪水不多。同梁在『申』宮時，沒有貴人運，你的心境也很懶散，還是下個月再去找工作吧！

廉貞：當流年、流月中有廉貞星時，你會做事很有計劃，而且有桃花運，可以幫助你找到好工作。但是中年以後遇廉貞運時，會有疾病住院開刀的狀況，變為不吉須小心！

廉貞不可遇擎羊、化忌，會有官司纏身或官非入獄之困擾。不適合去找工作，不然會惹麻煩。

廉府：當流年、流月中有廉貞、天府時，在此月中你的交際能力很強，可以用人際關係去取得工作。但是也有思慮不夠周詳，在日後會有些後悔的後遺症。

廉相：當流年、流月中有廉貞、天相時，在此月中你會心寬體閒、性格保守，倘若找一份文職的、內勤的，不須要很多交際性的工作，你會容易得到它。若是外向的、跑業務、用口才、公關性質的工作，你則無法勝任，也不容易入選，縱使去做也不長久，做不好。

紫微幫你找工作

廉貪：當流年、流月中有廉貞、貪狼時，因廉貪俱陷落的關係，你會人緣不好，簡直到了到處惹人嫌的地步，實在不必太麻煩去找工作了，即時找到工作，也被別人嫌個半死，不如等下個月再去找。

廉殺：當流年、流月中有廉貞、七殺時，你是不太用腦子，而只一味苦拼的人。你會用太多的力氣而徒勞無功。若有廉貞化忌與七殺同宮，你會有意外災難或官非訟獄之事，此月不宜找工作。

廉破：當流年、流月中有廉貞、破軍時，此月你是不太用大腦，只顧著去拼命找工作的人，有時會花太多的冤枉錢，有時會被人騙。既破財、又惹麻煩，說話也很狂妄，不討人喜歡。因此不宜去找工作。若有廉貞化忌與破軍同宮時，你會有意外災禍、血光、官非之事，很難擺平。要等下個月再去找工作。

天府：當流年、流月中有天府星時，你的運氣很不錯。你會行事穩健，中規中矩，人緣又好，很適合去找工作。尤其是公務員、薪水階級、銀行、金融機構、會計、出納、帳務、文職、編輯等工作，很容易找到。

太陰：當流年、流月中有太陰時，太陰居旺時，你是態度溫和、柔美、氣質高雅、做事細心的人。很適合去找文職、教書、管帳、編輯、打電腦之類的工作，而且收入穩定，不算低。你在女性多的地方工作機會大。

紫微幫你找工作

太陰居陷時，女人對你不利，做事常有錯誤，尤其不可找會計、出納等工作會賠錢，只可找文職。若有太陰化忌時，你工作上的困難更多，而且有女人阻撓你的這份工作，你還是稍安勿躁，等下個月再去找吧！

貪狼：當流年、流月中有貪狼星時，你在此月中是擁有好運的人。不但與人來往頻繁、交際應酬多，而且有桃花運和偏財運。但這兩種運氣你只能選擇其一。那就是說發了偏財運，有意外之財，桃花運就會消失了。發了桃花運，有異性追逐，偏財運就沒有了，因此你必須想清楚。貪狼運同時給你帶來很好的工作機會，你必須趕快利用它去試試看。此運適合做股票、考試、教育業、軍警業等。

巨門：當流年、流月中有巨門星時，巨門居旺時，你有口才之利，也有口福。你可靠口才尋得好工作，但不免有是非。你可能會遊說別人替你引薦好工作。或是直接去找靠口才賺錢的工作。例如助選員、教師、業務員、賣房子的工作、保險業、仲介等等。當巨門陷落時，或和化忌同宮時，你不適宜去找工作，因為口舌是非太多，或捲進是非圈中無法脫身。再有喪門同宮時，更是因失職被告而打官司，只能靜待下個月的來臨，別去找麻煩了。

天相：當流年、流月中有天相星時，天相居旺時，你是保守溫和、做事正直不阿、勤勞有分寸的人。此月一切太平，好運十分明顯，可用此月去找工作，會獲得穩定，清高有聲譽的工作。薪資收入也不錯。適合去找公職、薪水階級、技術性的工作。

當天相陷落時，你會比較忙碌辛苦一點，所找到的工作條件，比上述略差一些而已。但還算是很好的工作運。

天梁：當流年、流月中有天梁星時，天梁居旺時，你會擁有『陽梁昌祿』格，在考試運、貴人運上比人強。你會找到名聲好、職位高的工作。當天梁居陷時，你沒有貴人運、考試運，一切靠自己。你也會比較懶，只要有工作便去做了，不太會思考或計劃更多的事。你們都會找文職或教書的工作。

七殺：當流年、流月中有七殺星時，你非常忙碌，只是以身體操勞死拼的精神去找工作。工作找得好辛苦，但最後還是會有好結果的。你會找到一份讓身體很勞累、體力消耗很大的工作。此運多半會找到奔波的工作，如業務員、操勞的工作如搬貨的工作。

破軍：當流年、流月中有破軍星時，破軍居旺時，你會很有衝勁、幹勁，克服萬難的急著去找工作。也會找到工作，但奔波性強，體力消耗大，賺錢雖多，花費也很多的工作。若破軍居陷時，破耗與血光之事都多，也可能會生病，而無法工作，所以不適合去找工作。若破軍與文昌、文曲同宮或在對宮相照時主貧，也不適宜找工作。

紫微幫你找工作

文昌：當流年、流月中有文昌星時，文昌居旺時，你很文雅，做事精明，很適合去找文職性、計算性的工作。若文昌居陷時，你在思想上有不濟之處、計算力差，不適合找文職工作，軍警職較好。

文曲：當流年、流月中有文曲時，你會很有人緣、桃花運，此月中你的口才伶俐、甚討人喜歡，趕快去找工作吧！你會找到收入不錯，又能發揮才藝的工作。文曲居陷時，你不用去找工作了！因為這個月中你都會是口拙、人緣不佳，才藝遲鈍的人，縱使給你機會，你也做不好。

左輔：當流年、流月中有左輔星時，你有貴人運，可獲得朋友的幫助，趕快請朋友介紹工作機會吧！記得要找男性貴人喲！但是考試運不佳，會重考。

右弼：當流年、流月中有右弼時，你具有貴人運，可獲得女性朋友的投資或鼓勵、介紹工作。但此運中遇考試不吉，會重考。

天魁：當流年、流月中有天魁時，你具有男性長輩的『貴人運』，去請老師、長輩寫介紹信吧！你會很快得到名譽清高、薪水穩定的工作。

天鉞：當流年、流月中有天鉞時，你具有女性長輩『貴人運』，請母親的親戚、師母、學姐、自己的姐姐，為你去關說一番，你會很快得到做起來輕鬆愉快的工作。

擎羊：當流年、流月中有擎羊星時，除非你是去做軍警武職、外科醫生、獸醫、法官、獄政人員、屠宰業。否則此月中不適宜去找工作。若找文職、商職、事務性的工作，會讓你頭疼不順，也做不下去。應避開此月。

陀羅：當流年、流月中有陀羅星時，凡事都會拖延不順，或有是非牽扯，實在不宜去找工作。無喜有災。只宜去做軍警職。

火星：當流年、流月中有火星時，你會脾氣暴躁、急性，做事馬虎草率。除非此月對宮有貪狼星，合成『火貪格』有暴發運，可以突然獲得好工作，有意外之收入。否則無喜有禍，實不宜去找工作。

鈴星：當流年、流月中有鈴星時，你會性格陰沈、急躁，做事馬虎不負責任。除非此月對宮有貪狼星，合成『鈴貪格』有暴發運，可突然獲得工作，有意外之財。否則無喜有禍，是不宜找工作的。

祿存：當流年、流月中有祿存星時，你的性格會略顯孤僻，做事忙碌打拼，你會努力去找工作，但會找到單獨工作的機會，周圍環境裡很少有機會看到同事。工作的待遇是比普通略為多一點。

天馬：當流年、流月中有天馬星時，你會天天在外面跑，忙著去找工作，也可能會找到必須常出國公幹或是到外地出差的工作。找工作的狀況是順利的。

※流年、流月的看法請參照法雲居士所著《三分鐘算出紫微斗數》第71頁。

2 『貴人運』能幫助你找到好老闆

『貴人運』通常都是我們最希冀求到的好運了。什麼是『貴人運』呢？能幫助你的人都算是貴人，有這種運氣的人，我們稱他有『貴人運』。

『貴人運』好不好呢？

一般人都是認為貴人運是好的！可幫助自己升官發財，豈有不好之理？但是在命理學上認為貴人運出現的多，表示你的災難也多，因此不太讚成有太多的『貴人運』。

其實在我認為『貴人運』是有差別的。比方說：有天梁這顆『貴人運』星時，此星必須居旺，它能幫助增長你的考試運和升官運。在你命運不濟時，或落難時，給你『及時雨』來搭救你。很多命理學家認為有這顆星出現時，必是先落難再復建的狀況。

而我則認為這是不一定的。因為在你獲得考運，命中上榜時，並不一定之前先會考壞，然後第二次才考好呀！很多人在有『貴人運』時，會連升三級，中間也沒有中斷過。因此我覺得所謂的『貴人運』就單單是遇貴人這麼簡單的事。落難時可獲得救助，運旺時可高中或升官而已。

屬於『貴人運』的星曜

天梁星：當天梁星居旺時，你會有『貴人運』、且貴人屬於長輩性的貴人。如父母、師長、上司、學長、年長自己的朋友等等。天梁陷落時，沒有『貴人運』。必須一切靠自己打拼，在升官或考試上必須中規中矩，沒有特殊的好運氣。

在命格裡有天梁居旺位這顆貴人星的人，多半是讀書較佳，能力較好的人，你們差不多都是『陽梁昌祿』格的擁有者。若其他三顆星如文昌、太陽、祿星都居旺的話，官居一品，用學識從官途是不在話下的事。若其中只有一、二顆星居旺，也能順利讀書作官，走學術、公職路途不成問題。但是在『陽梁昌祿』格裡最重要的天梁星是不能居陷的，沒有貴人的扶助，和師長、上司不合，如何還能有官途或教書的機會呢？

文昌、文曲：在『貴人運』裡，文昌、文曲屬於臨時貴人。也就是在突發事件時，會遇到的貴人。例如你在找工作口試時，會突然有熟人進來，看見你而給主考官介紹了一下，於是工作機會就成功了。這就是臨時貴人的魔力了。

文昌這位臨時貴人，是長相斯文儒雅、做事精明，精於計算，對於文件、契約非常仔細的人。文昌同時也是『陽梁昌祿』格中最重要的一環。因此你必須是做公職、高文化水準、學術性的機構找工作，才會遇到這位貴人。

文曲這位臨時貴人，是外表文雅、風趣詼諧、口才好、才藝精湛的人。你必須是在演藝圈、傳播界、電視台、藝術圈、學校、文化圈中才會遇得到這位貴人。

左輔、右弼：在『貴人運』裡，左輔、右弼屬於平輩的貴人。如兄弟、朋友、同事、同學和平輩的、差不多年紀的部屬或不認識的人。左輔星代表男性的平輩貴人。右弼星則代表女性的平輩貴人。左輔、右弼只有旺弱。沒有陷落之分，因此不論在你命格中那一個宮位裡，對你在流年、流月上都有多少的幫助。

左輔、右弼不但在工作上有幫助，在金錢運上更有幫助。有許多大公司老闆都是靠此二星獲得朋友、屬下的幫助而有大事業、大發展的。

但是，左輔、右弼若和廉貞、擎羊同宮於命宮的人，會做盜賊、小偷。此貴人星幫助的就不是善類了。

天魁、天鉞：天魁是『天乙貴人』。天鉞是『玉堂貴人』。這兩顆星同屬長輩性貴人。如父母、師長、上司、學長、年紀比自己大的人等等。天魁『貴人運』屬於男性帶給你的貴運。如考試、升官等吉祥之事。這位男性貴人是很威嚴的，智慧高、學識豐富、分析力、判斷力很強、做事能力及照顧你的方式很周到、周全，而且是說話極有份量的人。你所受到的待遇是很受尊重、很直接、很明顯的受到幫助。

天鉞這顆貴人星，則是屬於女性的長輩貴人。如母親、母系長輩、女上司、女師長、年紀比自己大的女性朋友等。會帶給你升官、考試、名譽上的吉祥之事。這位女性貴人是很溫和的，富有正義感的，富有同情心的來幫助你。她們多半會採用暗中相助的方式，不希望你知道她是誰，也不須要你回報她。以防在幫助有差池失誤、不成功時會很尷尬。

祿　存：你一定奇怪，我為什麼把『祿存星』也列入貴人星之中？祿存星不是主『孤』嗎？為什麼還是貴人星呢？

其實祿存星是一種屬於『自有財』的星曜。有祿存星在命、財、官、遷、福各宮和六親宮中，都是靠自己打拼、靠自己去獲得財運的一顆星。因此自己就是自己的貴人了。難道你不覺得它也算一顆貴人星嗎？

利用『貴人運』找到好老闆

如何利用『貴人運』找到好工作、好老闆。首先我們由前面章節中知道並確定自己的心向之後，再利用流年、流月的方法來找出有貴人星、貴人運所在的宮位，並換算成流年、流月的年份與月份，找出天梁居旺和左輔、右弼、天魁、天鉞、祿存星所在的年份、月份，則在那時找工作，就會出現有長輩的幫忙、朋友的幫助，亦或是有特殊的考試機會出現等的好運。找到理想的工作是非常順利的事了。

3 『暴發運』能幫助你找個好考闆

我們通常所稱的『暴發運』，也就是『偏財運』格。擁有『暴發運』的人，也就同時擁有了『偏財運』。只不過有人不喜歡賭博、中獎的事，因此不去觸碰，而讓『暴發運』爆發在工作運上。把事業推上高峰，再轉而得到錢財。這只是繞了一個彎，又回到原來的偏財運上罷了。由事業來做爆發媒介的，多半屬於武人和生意人。一般人暴發，多半直接暴發財運，中獎或獲得大批遺產，成為『暴發戶』，你就可自己做老闆了。

暴發運的種類

武貪格：這是武曲和貪狼兩顆星所組成的暴發運。有三種形式存在著。一種是武曲、貪狼同宮。一種是武曲、貪狼對照（在對宮遙遙相望）。一種是空宮有武貪兩星相照。當然最後一種是比較弱的運勢了。但是若行運到武貪所在的宮位，也有不錯的暴發運。

擁有『武貪格』的人，都是性格剛強、固執、自有主見的人，不會被別人所動搖，而且自視甚高，擁有武人習性，直來直往。你們多半會從事業上發展，而展開暴發運。做軍警職的人會頻立戰功，位高權大，擁有金錢和地位。做生意的人，會重視事業、操勞忙碌，獲得好運再經過的努力而得到大筆錢財。此運中之武貪雙星，若在『丑、未』宮這一組，便爆發在丑年及未年。若在『辰、戌』宮這一組，便爆發在辰年及戌年。

若有擎羊、陀羅與武曲、貪狼同宮或相照的人，『武貪格』為破格，有發得小或不發的情況，並且此人定為以特殊技藝謀生之人。若『武貪格』遇天空、地劫同宮或相照時，『武貪格』為無用、不發。若『武貪格』中有化忌同宮的人，會因暴發旺運或錢財之後而遭災。再有羊陀夾忌時，情況更凶，會因暴發運發之後而遭災死亡。

火貪格：這是火星和貪狼兩顆星所組成的暴發運。有火星和貪狼同宮。或火星和貪狼對照兩種形式。火貪格以在『午』宮或『戌』宮同宮最具暴發力。有最強的運勢，以火貪在『戌』宮時，會和對宮的武曲形成『火貪』加『武貪』雙重的暴發運，運氣真是直旺雲霄，暴發財富和事業能有億萬之資。其次為火星在『寅』、『午』、『戌』宮，而貪狼在『申』、『子』、『辰』宮的人。最差的要屬火貪同宮於『申』、『亥』二宮的人了，暴發運最小，也可能不發。『火貪格』暴發的形式多以錢財為主。也就是以中獎或賭運的方式產生。

◎有羊陀、劫空、化忌和火貪同宮或對照時，會有不發、發得小或暴發時並帶有災禍的問題。

鈴貪格：這是鈴星和貪狼兩顆星所組成的暴發運。有鈴星和貪狼同宮，或鈴星和貪狼相照的兩種型式。『鈴貪格』也以在『午』宮或『戌』宮同宮為最強的運勢。事實上鈴貪在『戌』宮時，必和武曲會成『武貪格』加『鈴貪格』成為雙重暴發運的人，其勢極強，暴發財富和事業有億萬之資。最差的是鈴貪同宮於『亥』宮的人，但仍有可能暴發小小的財運，只是不能企望過高。

◎若有羊陀、劫空、化忌與鈴貪同宮時，會有不發，或發得較小，或災禍與暴發運並至的狀況。

在世界上百分之三十五的人有暴發及偏財運。有的人暴發運強，有的人較弱。暴發運強的人，多半也不知所以然的獲得好的工作機會，做到賺錢的生意。但是若要說這些具有暴發運的人，完全不知所以然也是不公平的。因為具有暴發運的人，多半都是操心勞力的人，而且對自己深具信心，尤其是擁有武貪格的人，很能抓住機會，一蹴而居成功的地位及事業。因此我們若要利用暴發運來找工作，首先必要先檢視自己的暴發運的運格、旺度及暴發的年份，流月所逢的月份，才能運用。具有暴發格的人，每年在行運月份裡也會有暴發月份的。例如暴發格在丑、未宮這一組，每年行運至丑、未宮這兩個月份時也會有好運產生，這就是你可利用的暴發運月份了。在這兩個月中會找工作，會有意想不到的好機會。

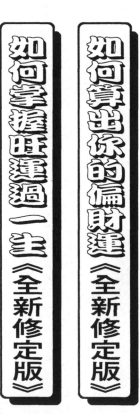

第九章 如何從命盤中來界定你的工作性質

在我這本『紫微幫你找工作』一書，初稿完成之時，有一些朋友問我為什麼適合做軍警職的人這麼多呢？這就是我要寫這篇『如何從命盤中來界定工作性質』一文的原因了。我相信讀者可能也會在看完這本書時，會有同樣的疑問。

首先我先來回答這個問題。

我一再強調，命運是由個性形成的。會選擇什麼樣的工作，更是由性格來主宰。性格剛強、毅力堅定、獨立性強、喜歡規律生活願意接受服從領導，如鐵般紀律的人，有上進心尋求官職慾望的人，很容易選擇軍警職。性情較溫和、喜歡穩定性生活的人，較會選擇公職、文職。在這其中又有一種人，很溫和、沒有衝勁、財星不旺、官星缺乏，他們比較適合普通的薪水階級，倒也安樂自在。至於喜歡做生意的人，則屬於競爭力強，有財星當旺的人。他們之中，有的有官星，可做大企業負責人。有的沒有官星，或官星不旺的人，則會做較小規模的生意了。

適合做軍警職的人有幾種條件

1. 『命、財、官、遷』四個宮位有紫貪、廉殺、紫破、武殺、紫殺、廉貪、廉破、武貪、武破等星的人，有百分之九十的人會做軍警人員，這是依照我多年命相所得之經驗所知。甚至於福德宮中有武殺、武破、廉貪、廉殺、廉破等星的人，也至少有百分之八十的人，會做軍警職。

2. 『命、財、官、遷、福』等宮位有貪狼星的人，做軍警職的人比例很高，要不然也是軍人、警界之後人。

3. 軍警職也屬於公職。是傳統領國家薪水的公務員。在古代這是容易立戰功、平民突起為官的一種路途。在現代，軍警界有深造機會的情形增多。軍警界中人才包羅萬象，如財經、醫學、製船、製造飛機、軍火槍炮之高科技人才眾多。

因此在現代我們可看到許多同時具有『陽梁昌祿』格和『武貪格』的人，以文治、武略進入高等官階、官位的官場中，而擁有極高的權力和地位。

4. 軍警職屬於公職的一種，薪水比較穩定。在某些人的命格中，財星不旺，無法以做生意的方式謀生，會有破耗太多、經濟不穩定、生活不安定的情形。但他們又同時不具有做文職的心性，他們好動、不耐靜，無法做學術研究、做辦公室靜守的工作，同時在人生運程裡又是動盪不安的形式，因此做軍警職最好。例如：命宮坐在『寅』、『申』、『巳』、『亥』宮的人。其中又以廉貞、貪狼、七殺、機陰、同梁的人，最易做軍警業。這些人中雖然有些人可以做生意，但總是破耗較多，最保險的方式就是選擇公職事業，才會穩定。像機陰、同梁坐命的人，經濟上的變化與環境變化都大，故不適宜做生意。

5. 命宮中有七殺、破軍、廉貞、擎羊、陀羅、火星、鈴星、地劫等煞星的人，因性格彪悍，軍中規律的生活可以將之教化成有用之材，故做軍警職較好。

適合做公職、文職工作的人幾種條件

1. 具有『陽梁昌祿』格的人。這些人都是有高學歷、讀書程度好的人，考場得意，因此容易考入公職，或被人引薦至公職。例如——天梁坐命『子』宮或『午』宮的人。

2. 『命、財、官、遷』四個宮位裡穩定的星曜較多時，你會做公職及文職的工作。例如廉府坐命的人，財帛宮是紫微，官祿宮是武相。

3. 具有『機月同梁』格的人。『機月同梁為吏人』，這句話是始終不假的。現在可引申為有『機月同梁』格的人，必為薪水階級。例如天機、太陰、同梁坐命的人，性格是比較聰明機巧，喜歡做大事，但不喜負大責任，因此做薪水階級負小小的責任就可以了。

4. 具有財星不旺的人。有些人的命格中主貴，但財星不旺，如日月坐命『未』宮的人，必須做技術性、學術性官職、清高得財。財星居陷時，常有『日月反背』的格局，如太陰居『卯』、『辰』、『巳』宮的人，也以薪水階級為佳。又因為你們的心思細膩、靈感較好，因此會做文職工作。

5. 具有福星坐命的人。通常天同、天相這兩種福星坐命的人，都有穩定、不好動的特性。而天同坐命的人已包括在『機月同梁』格之中，喜歡做公務員薪水階級已是不爭的事實。天相坐命的人，為人保守、一生的運勢起伏大，為求自保謹慎，也會選擇薪水階級為自已發展的路途。

紫微幫你找工作

適合做生意的人有幾種條件

1. 具有『武貪格』、『火貪格』、『鈴貪格』等暴發格的人。你們性格剛毅，有堅忍不拔的精神。且生意人喜暴發能得突起之運，億萬之資，如武貪坐命、紫府坐命的人即是。

2. 具有財星居旺命格的人。如武曲坐命、太陰在『亥』宮坐命的人。你們對錢財有特殊敏銳的感應力，做生意很得心應手。

3. 具有『武貪格』及『陽梁昌祿』格兩種格局都有的人。這種混合格局的形成，我們可以從很多大企業負責人的命格中看出來。這是財官並美格局的人。

4. 破軍、七殺、巨門坐命的人，都有喜歡勞碌奔波、打拼衝刺的幹勁，與喜歡做生意的特性，但破軍是耗星，七殺是煞星，巨門是暗星，都有破耗與災禍起伏，人生是不安定的，財運也是起伏不定的。

結尾

由上面的分析，你應該不難找到屬於自己的人生軌跡，也不難認清楚自己的性向。人生中能做自己喜歡的工作，並努力持續的去做，沒有不成功的，也一定會在自己專業的領域裡佔有一席地位。

今天不管你從文職也好，從武職也好，未來會做官也罷，或是仍是個公務員，這一切就端看你在一生中放下的努力為何？人生走對了路，一直走就會達到成功的終點站。反反覆覆不停的選路、換跑道，達到成功終點站的時間則會遙遙無期。

對於具有『暴發運』的人，我也有些忠告：暴發運不會憑空而降，你還是要努力的去做事、去闖才會有更大的機會。再則是暴發運本身具有『暴起暴落』的特質，你一定要懂得掌握與拿捏分寸，才不會『竹籃子打水一場空』。

在此敬祝各位讀者都能得到滿意的收獲。

紫微手相學

法雲居士⊙著

這本書是結合紫微斗數的精華和手相學的精華
而相互輝映的一本書。

手相學和人的面相有關。
紫微斗數中每種命格也都有其相同特徵
的面相。因此某些特別命格的人，就會
具有類似的手相了。
當紫微命格中的那一宮不好，或特吉，
你的手相上也會特別顯示出來這些特
徵。

法雲居士依據對紫微斗數的深刻研究，
將人手相上的特徵和命格上的變化，
一一歸納、統計而寫成此書，
提供大家參考與印證！

如何為寵物算命

旺運寵物命相館

法雲居士⊙著

這是一本談如何為寵物算命的書。
每個人都希望養到替自己招財、招旺運的寵物，
運氣是『時間點』運行形成的結果！

人有運氣，寵物也有運氣，如何將旺運
寵物吸引到我們人的磁場中來，將兩個
旺運相加到一起，使得我們人和寵物能
一起過快樂祥和的日子。

讓人和寵物都能相知相惜，彷彿彼此都
找對了貴人一般！
這就是這本書的主要目的！
並且這本書不但教你算寵物的命，
也讓你瞭解自己的命，知己知彼，
更能印證你和寵物之間的緣份問題！

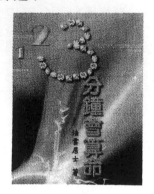

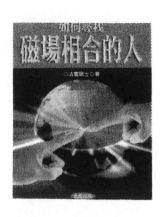

如何用偏財運來理財致富

法雲居士⊙著

偏財運會創造人生的奇蹟，
偏財運也會為人生帶來財富，
但『暴起暴落』始終是人生中的夢魘。

如何讓暴發的財富永遠留在你的身邊，如何用一次接一次的偏財運增高你的人生格局。

這本『如何用偏財運來理財致富』就明確的提供了發財的方法和用偏財運來理財致富的訣竅，讓你永不後悔，痛快的過你的人生！

紫微屋相學

法雲居士⊙著

人有面相，房屋就有『屋相』。
人有命運，房屋也有命運。
具有好命運的房子，也必然具有好風水與好『屋相』。

房子、住屋是人外在環境的一部份，人必須先要住得好、住得舒適，為自己建造好的磁場環境，才會為你帶來好運和財運。
因此你住了什麼樣的房子，和為自己塑造了什麼樣的環境，很重要！

這本『紫微屋相學』不但告訴你如何選擇吉屋風水的事，更告訴你如何運用屋相的運氣來為自己增運、補運！